LES MIRACLES DE MARIE

DANS LA VIE DE JEAN-PAUL II

Titre original : *Cuda Maryji w zyciu Jana Pawla II* © 2008
Polskie Wydawnictwo Encyklopedyczne

Traduction du polonais : Maria Zurowska

*

Si vous souhaitez être tenu au courant de nos publications,
vous pouvez envoyer vos nom, adresse et email aux
Éditions des Béatitudes, Burtin, 41600 Nouan-le-Fuzelier
ed.beatitudes@wanadoo.fr
www.editions-beatitudes.fr

ISBN 978-2-84024-346-5

Conception de la couverture : Isabelle de Senilhes
Illustration de couverture : Jean-Paul II à Curitibia au Brésil
(Amérique du Sud) le 2 juillet 1980. © CPP/CIRIC

Wincenty Laszewski

LES MIRACLES DE MARIE DANS LA VIE DE JEAN-PAUL II

Éditions des Béatitudes

Introduction à l’édition française

Vous qui êtes francophone, savez-vous que la France est le pays marial le plus important au monde, historiquement parlant ? C’est dans cette patrie qu’au XIe siècle, le samedi a été institué comme journée votive consacrée à la Sainte Vierge – cela a été fait par admiration pour la foi que Marie, elle seule, a gardée le Samedi Saint, après la mort de Jésus, en ce jour où les hommes croyaient la foi privée de ses fondements. C’est bien en France qu’à l’abbaye de Cluny, il y a plusieurs siècles, Marie a été nommée Mère de Miséricorde. Ce sont donc des Français qui ont été les premiers à voir en elle celle qui veut nous sauver et nous guider sans cesse. C’est en France qu’a été inaugurée la coutume de se consacrer comme « esclave » à la Mère de Dieu, consécration qui, jusqu’à présent, reste la voie la plus sûre conduisant vers le Ciel. C’est aussi en France qu’ont été composées les plus belles prières à la Sainte Vierge. Cela est si vrai qu’elles sont vite devenues la propriété de toute l’Église et que le temps n’a pas encore réussi à les effacer de la mémoire des hommes. C'est le synode de Paris, au début du XIIIe siècle, qui a élevé le *Je vous salue Marie* au même rang que le *Notre Père* et le *Credo*. C'est la piété des Français qui a constitué le genre littéraire *Miracula*, décrivant les apparitions, les guérisons, les conversions et les grâces accordées par la Sainte Vierge. C'est en France que les plus belles cathédrales ont été construites ; qu'a été suscité le plus grand nombre de pèlerinages aux sanctuaires mariaux – en 1890, il y en avait mille trois cent seize. C'est dans l'université de la Sorbonne que la vérité sur l'Immaculée Conception de Marie a été défendue. C'est le catholicisme français qui a découvert le rôle de la dévotion au Cœur de la Mère de Dieu dans l'histoire des personnes et des nations. Et c'est le roi Louis XIII, en tant que premier souverain terrestre, qui a remis à Marie la royauté sur ses terres, le 15 août 1638.

Elle est longue, la « litanie française » qui chante la gloire de la Mère de Dieu, peut-être est-elle même la plus longue au monde. Les disciples de Marie dispersés à travers le monde savent que, pendant des siècles, la France a été le moteur du caractère marial de toute l'Église. Il n'est donc pas étonnant que pour chacun d'entre eux, la France soit une deuxième patrie, la patrie mariale.

Bien que nous tous, Polonais, Espagnols, Italiens, Russes… soyons émerveillés de cet amour que tant de générations de Français ont porté à la Sainte Vierge, encore plus digne d'admiration est cet amour pour la France dont Marie a toujours témoigné. Il suffit de citer toutes les apparitions qui y eurent lieu. Avec une pointe de jalousie, nous nous rappelons que la moitié des apparitions mariales du XIXe siècle se produisirent en France et que ce sont les apparitions françaises qui contiennent le message que la Sainte Vierge apporta à l'Europe contemporaine.

Ces apparitions sont pour nous un don et une mission à réaliser, tandis que la France est devenue une nation élue, avec un rôle particulier à jouer dans le monde. Le plus souvent, les miracles de Marie ont été et sont racontés en français, car ils se sont déroulés et se déroulent dans un pays qui, en 498 déjà, mérita le titre de « fille aînée de l'Église » (*Galia Ecclesiae Filia primogenita*) et qui, depuis des siècles, a été défini par son caractère marial : *Regnum Galiae – regnum Mariae* (« Royaume de France – royaume de Marie »).

Pourquoi est-ce que je reviens sur ces belles évocations de l'histoire mariale de la France ? À la lumière de cet attachement entre la Sainte Vierge et la France, qui a fait de ce pays le pays marial le plus beau et le plus important, il serait possible de dire, à plus forte raison, que Jean-Paul II, fervent disciple de la Mère de Dieu, a été non seulement Polonais, mais aussi « Français ». Son caractère marial – polonais – est français dans ses racines : il s'est constitué à travers la lecture du *Traité de la vraie dévotion à la Sainte Vierge* d'un auteur français [1] et portait les traits caractéristiques de l'expérience française. Dans cette expérience de la proximité de Marie, le personnage de Karol Wojtyla apparaît comme caractéristique par son esprit marial, élu par la Sainte Vierge et, comme la France, objet de nombreux miracles

1. Saint Louis-Marie Grignion de Montfort (1673-1716 ; NdÉ).

mariaux… Comme si l'aspect essentiel de la spiritualité française, vieille de plusieurs siècles, s'était inscrit dans la vie du Pape polonais…

Le cercle marial des miracles est bouclé. Ce livre sur les miracles de Marie dans la vie de Jean-Paul II devait à l'origine être écrit en polonais et en français. Il va enfin être publié en langue française ! Ce livre devait être traduit en premier lieu dans une « langue mariale », car la langue française a toujours décrit les miracles de la Sainte Vierge les plus importants de l'histoire.

Même si *Les miracles de Marie dans la vie de Jean-Paul II* devait être publié en espagnol, en italien, en anglais ou en russe, pour l'auteur de ce livre, la traduction française sera toujours la plus importante. Pour moi, Jean-Paul II fut réellement un Français par son côté marial.

Je te remercie, ô France, de ce que Jean-Paul II fut *Totus Tuus* – totalement consacré à Marie et totalement saint. C'est toi qui lui as appris à être ainsi.

WINCENTY LASZEWSKI

« Français » lui aussi en esprit

1

Confié à la Sainte Vierge

« Marchez vers Marie. Marchez avec Marie.
Que l'écho de son *fiat* résonne dans vos cœurs. »
Jean-Paul II

Il traversait la vie en marchant avec elle, comme si elle le guidait, le tenant par la main. Rien n'était dû au hasard ou inutile. Certains événements le faisaient souffrir, mais sans jamais être dépourvus de sens, sans jamais être orientés vers un but spécifique. Selon certains, le Saint-Siège au Vatican était son but, mais nous ne pouvons pas adhérer à cette interprétation. Non, la Sainte Vierge l'accompagnait plus haut encore dans son cheminement – vers la sainteté. La dernière partie de son chemin, cependant, il l'a faite en tant que pape, c'est vrai, mais ce n'était pas un but en soi ; il avait une tâche à réaliser, la tâche que Dieu lui avait confiée. Dieu voulait avoir un saint au Vatican, car les saints sauvent le monde. Dieu voulait en outre un saint marial, car la voie du salut du monde, aujourd'hui, porte le nom de Marie. Dieu lui avait donc confié une mission, et non des plus faciles... Dieu le prépara pendant de longues années à réaliser cette mission. En cas de besoin, la Sainte Vierge le soutiendrait dans cette tâche. Par des miracles plus puissants que la mort.

Pourquoi Marie a-t-elle pris pour lui une telle importance ?

À quel moment a-t-il adopté un chemin « différent » de tant d'autres disciples de la Sainte Vierge ?

À quel moment a-t-il été élu, choisi pour accomplir de grandes œuvres ?

Pourquoi est-ce que vivre en étant TOTUS TUUS – « tout à toi, Marie » – était devenu pour lui l'objectif le plus important ?

Bientôt, on allait réaliser qu'Elle aussi était devenue « toute à lui » – TOTA TUA.

Où est le miracle ? Il est encore dissimulé, mais c'est le miracle le plus important. Car c'est le premier. Celui qui a provoqué l'avalanche.

*

Il était à elle dès le commencement

Selon l'enseignement de l'Église, tout être humain reçoit un Ange gardien pour l'accompagner au long de son cheminement terrestre. Il y a toutefois des personnes qui, en plus de ce céleste Gardien, bénéficient d'une présence plus puissante encore à leurs côtés – celle de la Mère des Cieux. C'est surtout dans leur vie que les miracles se produisent. Pourquoi ? Parce que – comme les saints l'enseignent – Dieu a confié l'intercession pour le monde à la Sainte Vierge. Si quelqu'un demande avec agacement : *Pourquoi à elle particulièrement ?*, la réponse sera brève ; les dernières notes de sœur Lucie nous la livrent. La voyante de Fatima a bien dit : « Car Dieu l'a voulu ainsi. »

Karol Wojtyla fut l'un de ces privilégiés. Il avait auprès de lui non seulement un Ange protecteur, mais aussi la Reine des Anges en personne. Elle ne lui révéla sa présence ni concrètement ni immédiatement. L'expérience des miracles qui se produisirent dans sa vie devint cependant si forte, à un moment donné, qu'il fut obligé de comprendre ce signe et d'y répondre. Avec les années, Wojtyla prit de plus en plus conscience que la Vierge l'avait placé dans le rayon d'action des miracles divins. Il sut que le miracle faisait partie intégrante de sa vie. Il connaissait même la date de cet événement. Ceci eut lieu au cours de l'été 1942.

Commençons toutefois par le début.

Karol Wojtyla naquit le 18 mai 1920. Cette date est-elle porteuse d'un signe ? C'était un mardi, jour qui, dans le calendrier de l'Église, n'a aucun lien particulier avec Marie. Pourrait-on alors chercher une indication dans la fête ou la mémoire prévue pour ce jour-là par la liturgie de l'Église ?

C'est la commémoration de Notre Dame de Bonport qui est fêtée le 18 mai. Dans le *Calendrier Marial*, nous lisons :

> Richard Cœur de Lion, récemment sacré roi, traversant la Seine à cheval, fut emporté par le courant et faillit se noyer. Il implora donc le secours du Ciel, formulant le vœu solennel

de faire construire une grande abbaye à l'endroit où son cheval aurait touché terre. Un an plus tard, en 1190, démarra la construction d'une maison pour les cisterciens. Bonport, l'une des plus anciennes abbayes de cet ordre marial, porte le nom de la Mère de Dieu, ainsi que toutes les autres abbayes cisterciennes. L'un des historiens de cet ordre prétend que les miracles qu'on attribue aux représentations se trouvant dans les églises cisterciennes sont une extériorisation de la sainteté cachée de ceux qui vénèrent la Sainte Vierge, qui la servent et se mettent à genoux devant elle afin d'implorer sa protection pour le monde entier. Notre Dame de Bonport qui, depuis des siècles, exauce les moines, fit connaître leur silencieuse abbaye en France et à travers le monde. Les miracles accomplis par son intercession font venir des pèlerins nombreux et fervents à Bonport [1].

Quel est le signe que cette commémoration peut nous révéler ? N'est-ce pas d'indiquer la « sainteté cachée » de Karol Wojtyla, sa capacité « de vénérer, de servir et de prier », sa dévotion qui attira les miracles mariaux ? Simple coïncidence ? C'est bien possible et, pourtant, l'histoire des miracles qu'on attribue à la sainte Patronne des églises cisterciennes correspond à ce que l'on sait de la spiritualité du Pape. Ne provoquerait-il pas le Ciel pour obtenir, de la Sainte Vierge, davantage que ce que quiconque aurait pu obtenir ?

Au début, sa sainteté resta entièrement « cachée ».

Jusqu'à un certain moment, sa vie ne différa en rien de celle des autres habitants de sa ville natale, Wadowice. La sensibilité religieuse du futur Pape fut formée par de

---

1. Konstanty Osiński, *Kalendarium Maryjne (Calendrier Marial)*, Fons Omnis : Szydłowiec 2009, p. 144.

pieuses formules qu'il entendait à la maison et qu'il adoptait comme siennes. Comme tant d'autres, il chantait à la gloire de Dieu, le priait, lui parlait. Sa vie était rythmée par le chant matinal des *Heures* et les rosaires du soir ; il y avait des pèlerinages, des veillées, des prières ferventes adressées à la Sainte Vierge et des chants à sa gloire.

Au niveau religieux, aucune particularité ne distinguait la famille Wojtyla. Et pourtant, il y avait en elle un élément extraordinaire. La piété traditionnelle de ces gens était liée à une profonde conscience religieuse, à une forte expérience de Dieu. Mais, disons-le encore une fois, bien que cette famille fût hors du commun, elle ne se distinguait des autres familles polonaises par aucun signe extérieur. Telle était la ville de Wadowice, telles étaient la terre de Cracovie et toute la Pologne. Le fort caractère marial était le signe distinctif de la piété polonaise. Le chemin le plus court passe toujours par la Mère de Dieu. Le chemin adopté par la famille Wojtyla fut le même. La Sainte Vierge choisit souvent ce chemin, pour venir vers Karol et lui faire le don d'un miracle divin.

Karol Wojtyla a toujours été marial : il appartint à la Sainte Vierge dès le début de sa vie, constamment attaché à elle par un lien profond. L'était-il déjà en tant que nourrisson, comme certains le prétendent ?

Selon certains récits, les saints du Moyen-Âge, héros d'hagiographies pieuses, refusaient de téter le lait maternel le vendredi ou, dans leurs berceaux, joignaient déjà les mains devant l'icône de Marie puis, apprenant à parler, adressaient leurs premières paroles, qui étaient une prière, à la Sainte Vierge. Heureusement, nous ne disposons pas de telles légendes concernant le futur Pape. Il existe cependant un évènement fort symbolique, à propos de la naissance de Karol Wojtyla. On apprit ainsi que sa vie commença avec Marie, car au moment où le futur pasteur de l'Église vint au monde, les fidèles se rassemblaient en foules dans les églises et autour de petites chapelles à la campagne pour les offices du mois de mai. Ils chantaient joyeusement la *Litanie de Lorette*. Alors que le deuxième fils des Wojtyla [1] venait de voir le jour, sa mère demanda qu'on ouvrît la fenêtre. Que l'enfant entende les gens chanter à la gloire de la Sainte Vierge ! Ainsi, le premier bruit du monde qu'il entendit fut un appel de la terre lancé vers le Ciel, un appel marial. Le petit Karol écouta donc les gens louer la Mère de Dieu, au rythme des respirations, dans une litanie d'amour, d'émerveillement et de reconnaissance.

Ce fut sa première expérience de la vie. Tout son environnement chantait pour la Sainte Vierge. Le bonheur céleste régnait dans l'atmosphère. Et deux mères se trouvaient auprès de lui.

Il est difficile de dire dans quelle mesure cet événement influença la vie de Karol Wojtyla. Mais on peut y voir la première de toute une série de vérités mariales qui lui furent transmises par sa mère, vérités constructrices de son identité. C'est pourquoi, en tant qu'enfant déjà, il fut conscient d'avoir deux mères : une mère terrestre et une Mère céleste.

Puisque personne ne lui ordonna, dans l'obéissance, de mettre ses expériences mariales par écrit, nous ignorons si, dans son enfance, il reçut des grâces mariales

1. L'aîné, Edmund, est né en 1906 (NdÉ).

particulières, semblables à celles reçues par Lucie, la petite voyante de Fatima, qui, dans son église paroissiale, le jour de sa Première Communion, vit Notre Dame du Rosaire lui sourire. Nous connaissons bien des détails de sa vie parce que Lucie, en tant que religieuse, fut obligée d'obéir à son confesseur, à ses supérieures et à l'évêque du diocèse où elle habitait et de raconter ses souvenirs. Inversement, il fut impossible d'ordonner cela à Karol Wojtyla ; seul son confesseur régulier aurait pu le faire, mais il ne le jugea pas nécessaire. Nous savons cependant que le garçon de Wadowice était capable de prier avec un grand recueillement, tout comme la petite fille de Fatima. La prière était pour lui comme un entretien avec une autre personne, concrètement présente, proche et importante.

Un lien particulier attacha Karol Wojtyla à Marie dès sa petite enfance à Wadowice. C'est pourquoi, à la mort de sa mère, lorsque la présence maternelle – présence de cette mère qui lui avait appris à aimer la Sainte Vierge et à lui faire confiance – lui fit défaut, l'enfant choisit Marie comme la protectrice de sa vie d'orphelin. Arrêtons-nous sur cet épisode émouvant de la vie du futur Pape : un garçon de neuf ans grimpant sur une chaise, pour être plus près de l'icône représentant la Sainte Vierge, et prononçant ces paroles enfantines, mais irrévocables, comme taillées dans le granit : « Maintenant, c'est toi qui seras ma Mère ! »

Ce jour-là, Marie entra dans sa vie – pour y être présente d'une manière différente dont elle l'est dans la vie de ses autres disciples. Elle le plaça parmi les saints qui, telles Catherine Labouré ou Thérèse de Lisieux, prononcèrent des paroles semblables après la mort de leur mère.

Quelques phrases écrites par sainte Thérèse de Lisieux illustrent bien l'expérience mariale de Karol Wojtyla :

> « La Sainte Vierge m'a fait sentir que c'était vraiment elle qui m'avait souri et qui m'avait guérie. J'ai compris qu'elle veillait sur moi, que j'étais son enfant [1]. »

La certitude spirituelle de cette proximité de Marie comme Mère ne quitta jamais le futur Pape. La raison en est que Karol prononça ces paroles en étant profondément conscient de leur portée. Elles ne furent pas l'effet d'une violente émotion ou d'une inspiration momentanée. Elles exprimèrent une décision réfléchie.

On serait tenté de dire qu'à une étape aussi précoce de la vie d'un enfant, ses décisions ne peuvent être ni profondément conscientes ni mûres ou irrévocables. Ce n'est pas vrai. Retournons encore une fois à Fatima, si chère au Pape. Quel âge avaient Jacinthe et François lorsqu'ils furent reconnus comme des saints, non seulement par les témoins de leur vie édifiante, mais par l'Église elle-même qui les béatifia le 13 mai 2000 ? Ils n'avaient que neuf ans et onze ans – ces chiffres marquent pourtant la fin de leur vie ! Le petit Wojtyla a pu donc, lui aussi, se trouver sur le même chemin héroïque… Et, bien qu'il se montrât presque ordinaire dans sa piété traditionnelle, sa spiritualité mariale devint de plus en plus importante. Extérieurement, il ne se distinguait pas tellement des autres. La sainteté, dans laquelle il grandissait, demeura profondément « cachée », et peu nombreux étaient ceux qui savaient à quel point Wojtyla

1. Sainte Thérèse de l'Enfant-Jésus, *Histoire d'une âme*, *Manuscrit A*, folio 56 v.

vénérait la Sainte Vierge, la servait, combien de fois il se mettait à genoux devant elle.

Le temps du premier miracle marial approchait. Il eut lieu lorsque Wojtyla était étudiant à Cracovie. Ce miracle donna, pour toujours, au futur Pape, une place à part.

Fasciné par le Traité

La lecture du *Traité de la vraie dévotion à la Sainte Vierge* de saint Louis-Marie Grignion de Montfort, mystique breton du XVIIIe siècle, fut le moment charnière qui marqua la vie de Wojtyla. C'est par ce livre qu'il reçut sa devise : *Totus Tuus*. Citons ici les paroles qu'il prononça alors qu'il était cardinal de Cracovie :

> « À chaque fois que je passais devant cette usine, et surtout devant la chaufferie de cette usine, les moments importants de mon existence me revenaient en mémoire et je revoyais alors ce petit livre habillé d'une couverture bleue. En tant qu'ouvrier de Solvay, je l'emportais souvent avec moi, accompagné d'un bon morceau de pain, je l'emportais à la relève de l'après-midi ou à celle de la nuit, car à la relève du matin, il était plus difficile de lire, alors que je le lisais souvent lors de la relève de l'après-midi. Ce livre portait le titre : *Traité de la vraie dévotion à la Sainte Vierge*. Son auteur était Louis-Marie Grignion de Montfort, alors bienheureux, il fut canonisé un peu plus tard [1]. Et permettez-moi de reparler encore du jour où l'icône de la Sainte Vierge commença sa visite dans votre paroisse. Ce petit livre, dans sa couverture bleue, semblable à un livre de prière, fut alors ma lecture pendant des jours et des semaines. Je ne me suis

1. En 1947 (NdÉ).

pas contenté de le lire une fois pour le remettre ensuite sur un rayon de bibliothèque, non, je le lisais sans cesse, du début à la fin, puis de la fin au début. Grâce à ce livre, j'ai compris ce qu'était la dévotion à la Sainte Vierge. J'ai eu cette dévotion en tant qu'enfant, en tant qu'élève du collège, en tant qu'étudiant aussi, mais seul ce petit livre, lu pendant les relèves à l'usine de soude, m'a révélé le vrai sens et la profondeur de cette dévotion. Je l'ai tellement lu qu'il était tout taché de soude – sur la couverture et à l'intérieur. Je me souviens bien de ces taches de soude car elles sont un élément important de toute ma vie intérieure. Je tiens à le rappeler encore aujourd'hui [1]. »

L'expérience qu'il fit à l'usine chimique Solvay, où Wojtyla commença à travailler le 11 octobre 1940, permit au futur Pape d'éviter l'expatriation en Allemagne. Dans ce lieu, il expérimenta la rudesse du travail manuel, mais, surtout, il eut l'occasion de continuer là une lecture qui transforma toute sa vie. Le travail manuel en effet ne lui prenait pas tout son temps. Wojtyla trouvait toujours une minute pour approfondir la lecture du « petit livre » de Louis-Marie Grignion de Montfort. « Je me rappelle bien l'avoir toujours emporté avec moi [...] et, lisant une page, je revenais vers d'autres passages », avoua-t-il alors qu'il était devenu Pape. Ce livre avait formé sa dévotion mariale et lui avait révélé le vrai sens de cette dévotion, aimait souvent redire Jean-Paul II.

---

1. Homélie de Karol Wojtyla lors de la visite de l'icône de la Vierge de Czestochowa dans la paroisse de Borek Falecki à Cracovie. Dans : Saint Louis-Marie Grignion de Montfort, *Traité de la vraie dévotion de la Sainte Vierge*, Les Prêtres Marianistes, Warszawa 1986, p. 7 (Introduction).

C'est aussi à ce livre qu'il emprunta la formule *Totus Tuus* qu'il reprit en tant qu'évêque, puis quand il fut Pape.

Nous pourrions nous étonner de cette fascination pour ce *Traité*, écrit par un religieux grandement méconnu à son époque et dont le livre fut découvert par hasard, dans un coffre, cent ans après la mort de son auteur. Mais le Ciel se moque du hasard… Jean-Paul II disait souvent que « le christianisme ne connaît pas le hasard ». Lorsque ce *Traité*, écrit dans un langage de piété traditionnelle, se trouva entre les mains de Wojtyla, il révéla son génie marial ; cet homme sut dépasser les expressions désuètes et, par son cœur, son esprit et sa volonté, par tout son être, il pénétra au plus profond de cette vérité qui traversait le temps et que saint Louis-Marie voulait lui transmettre. Il expliqua par la suite : « J'ai compris qu'au-delà de son style baroque, ce livre portait en lui quelque chose d'essentiel, vers quoi je revenais à tant de reprises. » Cette vérité n'était accessible qu'à quelques-uns. Même si cela nous étonne, Wojtyla se retrouva parmi eux, car il comprit que sa vocation était de s'abandonner entièrement à Marie. En outre, la lecture du *Traité* l'aida à trouver le vrai sens du parcours qui avait été le sien jusqu'à ce moment :

> « Ainsi, grâce à saint Louis-Marie, je commençai à découvrir tous les trésors de la dévotion mariale, mais d'une façon en quelque sorte nouvelle : par exemple, c'est à cette époque seulement que j'aperçus toute la richesse théologique et biblique des *Heures de l'Immaculée Conception de la Sainte Vierge*, connues pourtant dès mon enfance, puisque chantées dans mon église paroissiale. La même découverte concernait les chants populaires, ne serait-ce que les cantiques de Noël

en langue polonaise, *Les Repentirs amers* pour le Carême où le dialogue d'une âme avec la Mère des Douleurs prend une place à part [1]. »

C'est à ce moment que l'on peut évoquer le premier miracle marial dans la vie de Wojtyla. Car il serait difficile d'expliquer autrement le fait qu'un homme intelligent, sensible à la beauté de la langue, passionné de théâtre et de philosophie, puisse manifester tant d'intérêt pour un texte dévot et le faire sien. Sien au point de prendre le nom d'« esclave de Marie ». L'esclavage est un terme difficile à admettre, surtout dans le contexte de l'histoire polonaise et de l'occupation allemande de l'époque.

Nous touchons ici à un mystère au cœur duquel un miracle reste caché. Évoquant « l'esclavage à Marie », saint Louis-Marie Grignion de Montfort ajoute qu'aucun être, même le plus pur, n'a accès à ce temple [le Cœur Immaculé de Marie] « sans avoir droit à un privilège particulier » (*Traité* 5). Karol y eut-il droit en lisant le *Traité* ? Certainement ! Il est même possible qu'avec le temps, il acquit le droit à la plénitude de ce privilège : fut-il l'objet du miracle connu en théologie mystique sous le nom de « grâce de l'échange des cœurs » et dont il est question dans cette prière des mystiques médiévaux ?

« Mère, ô combien merveilleuse, à la place de mon cœur pécheur, donne-moi ton Cœur Immaculé, pour que l'Esprit Saint puisse agir en moi et que ton Divin Fils grandisse en

---

1. Jean-Paul II, *Dar i Tajemnica (Don et Mystère)*, Wydawnictwo św. Stanisława BM : Kraków 2005, p.29, à comparer p. 30-31. Voir aussi : Jean-Paul II, *Pamięć i tożsamość (Mémoire et identité)*, Znak : Kraków 2005, p. 167-168; André Frossard, *N'ayez pas peur*, Robert Laffont : Paris 1982.

moi. Exauce-moi, ô puissante et fidèle Médiatrice de toutes les grâces. Amen [1]. »

Nous n'avons aucune certitude à propos de la vie intérieure de Jean-Paul II, car il ne se livrait pas. Nous pouvons seulement tirer quelques conclusions de ce qui se manifestait à l'extérieur : de nombreux faits mariaux qui abondaient dans son quotidien.

Wojtyla était donc « esclave de Marie » ou, pour employer un langage plus moderne, « voué » ou « dévot » à Marie. Le mot « dévotion » vient du latin *consecratio*. En polonais, on le traduit de deux façons : soit en utilisant le mot « consécration » qui découle directement du terme latin ; soit en employant le mot « dévotion ».

Le premier terme concerne l'Eucharistie. Par la consécration, le pain devient Corps du Christ, et le vin son Sang. La consécration a donc le pouvoir d'opérer une transformation. Une chose change d'essence : à l'extérieur, elle reste elle-même, tandis qu'à l'intérieur, elle devient tout autre chose… Ainsi, le pain consacré a l'aspect et le goût du pain, mais ce n'est plus du pain : il est le Corps du Fils de Dieu, notre Sauveur.

Ceci concerne également toute personne qui « se consacre » à Dieu. Par le pouvoir de cet acte, une « transfiguration » s'opère en elle. Extérieurement, la personne consacrée reste la même qu'avant la consécration ; à l'intérieur, cependant, elle devient quelqu'un d'autre : un *« homme nouveau »* (Col 3, 10), un homme *« au cœur nouveau »* (Ez 18, 31), selon l'expression biblique.

---

1. Mirosław Drozdek SAC (red.), *Modlitewnik Fatimski (Livre de prière de Fatima)*, Apostolicum : Ząbki 1996, p. 66.

Une telle transformation ne s'opère pas en un clin d'œil. Pour ce qui est des personnes consacrées, la transformation n'est ni instantanée ni parfaite ni durable. Il vaut mieux dire que la consécration est un objectif à atteindre. Par le pouvoir de la consécration, Dieu acquiert le droit de transformer le cœur de l'homme. La faiblesse humaine, l'attirance pour le péché que tout homme éprouve, la volonté instable font obstacle à l'action divine. Celui qui est capable de surmonter ces obstacles et de persister dans cette dévotion jour après jour, mois après mois, année après année, approche de plus en plus du moment où Dieu prendra possession de toutes ses pensées, de tous ses sentiments et désirs, où une unification entière, une transformation s'opèreront en lui. Quand nous rencontrons un tel homme, nous rencontrons un saint.

Quand cette transformation s'opéra-t-elle dans la vie de Wojtyla ? Les personnes qui le connaissaient disent qu'il évoluait sans cesse, qu'il mûrissait, approfondissant sa vie spirituelle. Ce processus prit-il fin le 16 octobre 1978, date de son élection au Siège de saint Pierre ? Car ce jour-là, un Wojtyla nouveau sortit de la chapelle Sixtine…

De nombreuses personnes, attirées par les découvertes extraordinaires faites par Wojtyla dans ce petit livre tout simple de saint Louis-Marie Grignion de Montfort, commencèrent la lecture du *Traité*, essayant d'y trouver ce que lui-même y avait découvert. Pour aucun d'eux, pourtant, cette lecture ne peut être considérée comme l'événement qu'elle représenta dans la vie de Wojtyla à Solvay. Même si les lecteurs postérieurs surent apprécier la beauté du texte et la richesse de ce livre, ils ne relisaient pas sans cesse le *Traité* ni ne le considéraient comme l'ouvrage de leur vie. C'est pourtant ce qui s'était produit dans la vie de Karol Wojtyla : il vivait par le *Traité* jour après jour, avec le même enthousiasme qu'au début de sa découverte de la pensée de Louis-Marie Grignion de Montfort.

Il ne peut y avoir qu'une seule explication. Beaucoup lurent ce livre comme un livre saint écrit par un auteur inspiré, tandis que Wojtyla, lorsqu'il prit ce livre, fut touché par la grâce. Les mots imprimés y eurent moins d'importance que les espaces entre les mots, remplis de grâce, comme la présence cachée de Marie dont la lumière invisible émanait de ce livre. C'est dans cette lumière que Wojtyla vit le vrai message du livre, humainement impossible à transmettre. Il comprit que l'homme qui se donne entièrement à la Sainte Vierge devient « tout à elle » : *Totus Tuus*. Et que cet homme reçoit alors un trésor incomparable : il reçoit la Sainte Vierge comme « sa propriété ». Selon saint Louis-Marie, l'intensité avec laquelle on se donne à Marie détermine l'importance du don qu'elle fera d'elle-même en retour : sans restriction, par amour, entièrement et pour toujours ! *Totus Tuus* est la formule que seul est capable de prononcer celui qui appartient réellement à elle. Il entend alors, de la part de Marie : *Tota tua ego sum* – « Je suis toute à toi » ! Et les miracles commencent à se produire. Seulement... être réellement *tout à elle* – sans restrictions, sans retour vers soi, sans en aimer un autre plus qu'elle – est vraiment un art, une voie exceptionnelle.

C'est bien de cette « dévotion exceptionnelle », lui permettant de se donner à nous, que la Sainte Vierge parla à Beauraing, en 1933. Une courte phrase résume ces apparitions, reconnues par l'Église : « Faites-moi confiance et moi, je vous ferai confiance. » Le père Patrick Peyton [1], fondateur du *Rosaire en Famille*, transmit à ses disciples une leçon semblable. Il reconnut avoir eu la certitude de vivre le moment-clé de sa vie lorsqu'il entendit ces paroles :

> « Tu as la foi, mais tu ne t'en sers pas. [...] La Mère de Dieu te comblera de ses grâces autant que tu sauras mesurer sa bonté. Si tu trouves que sa bonté s'élève à 50 %, tu recevras 50 %. Si tu juges qu'elle atteint 100 %, elle se manifestera pour toi à 100 %... Si Jésus et la Mère de Dieu ne font pas autant qu'ils pourraient faire, c'est parce que nous ne les croyons pas capables d'en faire plus. Nous réduisons leur action par les limites de notre foi [2]. »

Karol Wojtyla voulait que la Sainte Vierge lui manifeste sa bonté à 100 %. C'est pourquoi il se consacra à elle sans poser de limites. Elle aussi lui fit confiance sans restriction.

C'était sa forme de coopération avec Dieu. Il écrivit plus tard que « le christianisme est une religion d'action divine et d'action humaine ». L'action humaine, il la considérait avant tout comme une action intérieure où l'homme donne une place à Dieu, pour que Dieu puisse agir dans le monde.

Il voulait être comme Marie, il voulait croire comme elle, persuadé qu'alors, seulement, il donnerait à Dieu

---

1. 1909-1992 (NdÉ).

2. Mirosław Drozdek SAC (red), *Godzina różańca. Apostolat fatimski na Krzeptówkach (Heure du Rosaire. Apostolat de Fatima à Krzeptowki)*, Secrétariat de Fatima, Zakopane 2003, p. 7.

toute la place nécessaire pour l'action divine dans le monde ! Il savait que par le don de la foi, Dieu le faisait participer au salut du monde. Car « sauver » n'est rien d'autre que « donner une place ». Lorsque le Seigneur sauva Israël, il donna une place au peuple élu, en Terre Promise, pays *« où coulent le lait et le miel »* (Dt 6, 3). Lorsque Jésus mourut sur la Croix, il accorda une place à tout être humain dans son Royaume. Lorsque les hommes se font participants de l'œuvre du salut, ils accordent à Dieu une place dans leur univers. C'est ce que fit Wojtyla. Il donna une place à Dieu. Rien d'étonnant, donc, si des miracles eurent lieu là où il se trouvait.

Après la lecture du *Traité*, Wojtyla prononça la consécration à Marie :

> « Je te choisis, aujourd'hui, ô Marie, en présence de toute la cour céleste, pour ma Mère et ma Reine. Je te livre et consacre, en toute soumission et amour, mon corps et mon âme, mes biens intérieurs et extérieurs, et la valeur même de mes bonnes actions, passées, présentes et futures, te laissant un entier et plein droit de disposer de moi et tout ce qui m'appartient, sans exception, selon ton bon plaisir, à la plus grande gloire de Dieu, dans le temps et l'éternité. Amen. »

Le futur Pape désirait se donner à Marie, ce qui suppose, comme saint Louis-Marie l'enseigne, d'offrir tout ce dont l'homme a disposé dans le passé, tout ce qu'il possède actuellement et tout ce qu'il pourra acquérir plus tard. C'est bien la sainte formule de *Totus Tuus*.

Revenons sur la raison de l'union mystique de ces deux personnes, la Sainte Vierge et Wojtyla. Sans aucun doute, il s'agit d'un grand miracle que l'on rencontre rarement. Mais il est difficile à comprendre. Nous ne savons pas comment le nommer. Nous savons seulement que la présence de Marie, pénétrant la vie de Wojtyla goutte après goutte, fut un miracle incessant, la grâce fondatrice de tous les autres miracles, ceux qui sont les plus spectaculaires, les plus étonnants, ceux qui seraient les plus difficiles à croire s'il ne s'avérait pas impossible d'en contester les faits.

Quelle est donc cette formule radicale, ce *Totus Tuus* que Wojtyla prononça à l'âge de vingt-cinq ans, au seuil d'une vie nouvelle ? Elle n'est composée que de quelques mots :

> « Je suis tout à toi, et tout ce qui est à moi t'appartient, ô Vierge Glorieuse, bénie au-delà de tout. »

Wojtyla fut le disciple du grand maître spirituel saint Louis-Marie Grignion de Montfort, probablement son disciple le plus connu de l'histoire. Disciple célèbre et si doué qu'au bout de quelques jours seulement, il se plaça en tête du « peloton ». Le Ciel le remarqua et ne le laissa pas seul. Dieu l'intégra au nombre des saints. Lorsque Wojtyla se consacra entièrement à la Sainte Vierge, tout-à-coup, il se retrouva aux côtés des génies spirituels du XVIIe siècle, eux qui furent les premiers à proposer l'idée d'une dévotion totale à Marie. Les fondateurs de cette nouvelle spiritualité étaient trois jésuites : Kasper Druzbicki, Franciszek Stanislaw Fenicki et Jan Chomentowski. Ces trois Polonais, et non d'autres, inspirèrent à saint Louis-Marie Grignion de Montfort de développer cette idée d'une vraie dévotion à la Mère de Dieu [1].

---

1. Grignion de Montfort ne connaissait pas personnellement ces jésuites, mais il a connu le livre *Mariae Mancipium* (*L'esclave de Marie*), écrit par

En 1942, un Polonais, Karol Wojtyla, se trouva au même rang qu'un saint français, Louis-Marie Grignion de Montfort. Certains prétendent même que le disciple surpassa le maître. On pourrait dire que Wojtyla ferma la boucle, car l'idée de se soumettre à l'esclavage de la Sainte Vierge était née en Pologne, puis elle fut reprise par un saint français pour revenir, par la suite, à son pays d'origine sur les bords de la Vistule, où le futur Pape apprenait de saint Louis-Marie ce que lui-même avait appris de ses maîtres polonais. À chaque étape, l'idée de la vraie dévotion était approfondie et développée, de sorte que les trois jésuites polonais ne furent point les maîtres de Wojtyla. Son maître fut un mystique marial breton. La dernière étape du développement de cette idée s'identifia à la vie de Wojtyla qui s'émerveilla de la « parfaite dévotion » polonaise, enrichie par saint Louis-Marie Grignion de Montfort. En lui, l'idée d'une dévotion totale à la Mère de Dieu se retrouva en Pologne, fermant la boucle, en se développant toutefois à un niveau très différent.

Il semble que Wojtyla ait tout dit à propos de « l'esclavage marial ». Il est temps de nous pencher sur le *Nouveau Traité de la vraie dévotion à la Sainte Vierge*, écrit par Jean-Paul II. Où le chercher ? Non plus dans un coffre renfermant les objets personnels d'un saint,

---

S. Fenicki, qui a été publié en latin et qui était accessible dans les bibliothèques religieuses en France. Ce sont ces jésuites qui ont libéré en lui ce qui habitait son cœur. Ils lui ont permis de mettre des mots sur le chemin qu'intuitivement il pressentait. Grignion de Montfort lui-même souligne le rôle des jésuites dans son *Traité de la vraie dévotion à la Sainte Vierge*, où il cite Fenicki (NdÉ).

mais dans les œuvres du Pape. C'est là que se trouvent des pièces dispersées, destinées à composer un jour une belle mosaïque, capable d'expliquer de manière univoque la voie vers le bonheur éternel. Qui les retrouvera ? Et quand ? Devrons-nous de nouveau attendre cent ans ? Peut-être bien, si le *Nouveau Traité* est écrit pour les générations futures et non contemporaines.

L'expérience polonaise

Au cours des années qui suivirent, Wojtyla vécut de cette dévotion totale à la Sainte Vierge – du grand *Totus Tuus* d'un mystique breton. Le deuxième miracle de Marie – l'expérience de la victoire – était déjà présent dans la vie du futur Pape.

Karol Wojtyla profita de la pensée de ce mystique pour commencer bientôt son propre cheminement dans la vraie dévotion à Marie. Au bout de quelques années, il adopta toute la richesse de la tradition mariale polonaise, longue de plusieurs siècles, choisissant en premier lieu une expérience qui lui était presque contemporaine. Bientôt, en effet, c'est le père Maximilien Marie Kolbe [1], ce « Fou de l'Immaculée », cet homme qui voulait conquérir le monde entier pour Marie, qui se trouva aux côtés de Wojtyla. Quelques années plus tard, Wojtyla découvrit encore un grand maître en la personne de Stefan Wyszynski [2], Primat du Millénaire, qui

---

1. 1894 ; mort à Auschwitz le 14 août 1941 (NdÉ).
2. 1901-1981 (NdÉ).

« avait tout misé sur Marie ». Comme Wojtyla le disait lui-même, sans Wyszynski, il n'y aurait jamais eu de pape polonais au Vatican.

Ainsi, au bout d'un certain temps, l'école française de Louis-Marie Grignion de Montfort, découverte en 1942, fut enrichie par l'idée polonaise de la vraie dévotion. Dans cette école mariale polonaise, contemplative et mystique, fondée par trois jésuites au XVIIIe siècle, reprise par saint Maximilien Kolbe et enrichie du programme social du primat Wyszynski, le futur Pape apprit qu'un être humain peut s'abandonner totalement à Marie, qu'il peut toujours avoir recours à elle, quels que soient ses besoins. Il apprit que la Sainte Vierge « est présente », qu'elle se souvient de tout et qu'elle protège, non seulement ceux qui se confient à elle, mais le monde entier. Il comprit qu'elle veut être avec nous, se souvenir de nous et nous protéger, dans la dimension sociale aussi et même dans la dimension politique ! C'est alors que Wojtyla découvrit une grande prophétie polonaise : « La victoire, si elle vient, viendra par Marie » : la Pologne aurait un rôle particulier à jouer dans la préparation du triomphe de Marie dans le monde.

Le cardinal August Hlond l'avait déjà annoncé :

> « Luttez avec confiance. Travaillez sous la protection de la Sainte Vierge… Votre victoire est certaine. L'Immaculée vous aidera à remporter la victoire. Travaillez et luttez sous la protection de la Mère de Dieu. La victoire, lorsqu'elle viendra, sera la victoire de la Sainte Vierge [1]. »

---

1. Paroles prononcées le 21 octobre 1948, un jour avant la mort du Primat. Dans : Joanna M. Olbert (red.), *Prymas Polski Kardynał August*

Le successeur d'August Hlond sur le siège du Primat, le cardinal Wyszynski, en était convaincu également, lorsqu'il affirma peu de temps avant sa mort :

> « Un temps nouveau viendra, qui aura besoin de lumières nouvelles, de puissances nouvelles. Dieu les accordera au moment opportun. De même que le cardinal Hlond, moi aussi, j'ai tout remis à la Sainte Vierge et je sais que son pouvoir ne faiblira point en Pologne, même si les gens changent [1]. »

Le primat Hlond et son successeur, non seulement apprirent au futur Pape que la voie mariale est la voie la plus directe vers la sainteté personnelle, mais ils lui firent également comprendre que Marie est « le programme » pour le monde entier ; si un monde nouveau et meilleur doit naître, il faut avancer vers l'avenir par les chemins de la Sainte Vierge.

À côté du grand Primat, Karol Wojtyla devint donc le témoin des premiers signes annonçant la victoire ; il participa même aux grands changements. Il vit que la Pologne, seul pays du bloc soviétique à s'être mis sous la protection de la Sainte Vierge, réussit à garder son indépendance dans les années 1946, 1956 et 1966. L'Église de Pologne fut la seule à rester libre.

L'histoire confirme le caractère d'exception de la Pologne à l'époque du « rideau de fer ». L'Église de Pologne fut la seule à sauvegarder sa liberté et son

---

Hlond Bogu i Ojczyźnie (August Hlond, Primat de Pologne, à Dieu et à la Patrie). Secteur Poméranien de l'Association Catholique « Civitas Christiana » : Gdańsk 2004, p. 279-290.

1. Timothy Tindal-Robertson, Wincenty Łaszewski, *Fatima, Kościół i Trzecie Tysiąclecie (Fatima, l'Église et le Troisième Millénaire)*, Éditions des Sœurs de Lorette, Waraszawa 1996, p. 189.

indépendance, tandis que, dans d'autres pays du bloc communiste, l'Église fut placée sous le contrôle de l'État. Rappelons qu'en Tchécoslovaquie, en Allemagne Fédérale, sans parler de l'Union Soviétique, le pouvoir communiste limitait l'action de l'Église en censurant les sermons (si l'on ne respectait pas la version rectifiée, on risquait même la prison), en contrôlant les séminaires (ceux qui voulaient entrer au séminaire avaient besoin d'une autorisation de la part des autorités qui, de même, approuvaient ou non les candidatures aux postes d'enseignant), en accordant ou non les nominations à la fonction de curé ou d'évêque. La situation en Pologne était différente. Wojtyla apprit donc que « le miracle polonais » relevait de la consécration du pays à la Sainte Vierge. Il connaissait déjà les fruits de l'action de Marie au niveau personnel ; il allait à présent découvrir le pouvoir de sa grâce au niveau social.

Saint Louis-Marie Grignion de Montfort écrivait : « L'âme de la Sainte Vierge habite en toi. Son esprit traverse ton esprit, son Cœur Immaculé rejoint ton cœur, et sa participation à la grâce devient ta participation. » Karol Wojtyla reconnut là le pouvoir de la grâce dont il devint l'objet après s'être consacré à la Sainte Vierge. À un certain moment, probablement, il désira faire partager aux autres son expérience, celle qui permettait de goûter au vrai bonheur et menait vers la sainteté.

Le futur Pape développa son idée de *Totus Tuus*, il y gagna de nombreux fidèles. Au début, il fut seul, puis ses amis les plus proches, qui bénéficiaient de sa protection spirituelle, le rejoignirent. Le temps vint, ensuite, de toucher la nation entière par cette idée de la consécration à la Mère de Dieu. C'était la voie vers la victoire, découverte initiée par le Primat.

Lorsque Karol Wojtyla devint évêque et qu'il fut le collaborateur le plus proche de Stefan Wyszynski, son expérience mariale personnelle fut enrichie d'une dimension sociale, élaborée par le primat Wyszynski. Lorsque Wojtyla prit conscience du miracle qui avait eu lieu en Pologne, résultat de cette consécration de la nation à Marie, il désira que tous ses compatriotes devinrent des membres conscients de la « nation *Totus Tuus* », première nation spirituelle au monde.

En 1966, le cardinal Stefan Wyszynski consacra la nation polonaise à Marie, à son « esclavage d'amour ». Wojtyla comprit alors que par cet acte, tous les Polonais allaient devenir *Totus Tuus*. En tant que première société de cette nature dans le monde, ils allaient appartenir à Marie dans l'esprit de piété parfaite annoncée par saint Louis-Marie Grignion de Montfort. Pour le cardinal de Cracovie, cet événement eut une importance capitale. Après les cérémonies du millénaire en 1966 [1], Karol Wojtyla parla des fondations qu'il aimerait donner à sa patrie comme point d'appui. Lorsqu'il évoqua « la vraie dévotion », il envisageait bien *Totus Tuus* – la grande idée de la consécration totale à Marie, transmise par « le petit livre à la couverture bleue ».

Le cardinal Wojtyla disait encore :

> « Nous désirons te confier tout notre avenir, ô Mère du Christ. Nous le faisons de façon scrupuleuse et entière [...],

---

1. Célébration du millénaire du baptême de la Pologne (966-1966 ; NdÉ).

car nous voulons construire de puissantes fondations pour l'avenir de notre pays [...]. Nous trouverons ces fondations solides en nous consacrant à toi, Mère du Christ, Mère de Dieu. [...] Tu es la fondation sur laquelle nous construisons et nous te remettons tout notre avenir [...]. Nous te remettons ceux qui viendront après nous, pour qu'ils aient le même esprit que nous et pour que rien, pour que personne ne puisse éteindre cet esprit. [...] Tout notre passé est entre tes mains et tout notre avenir est entre tes mains [1]. »

Wojtyla était convaincu d'avoir trouvé la voie idéale pour sa patrie. Sur ce point, sa pensée rejoignait totalement le programme de Stefan Wyszynski qui considérait cette idée comme le fil conducteur de sa vie. Il dit un jour :

« Tout ce que Dieu a permis de faire – sauver l'Église et son unité, empêcher sa dislocation, sauver les couvents –, tout cela est l'œuvre de la Sainte Vierge, puisqu'on lui a tout remis. C'est ce que je crois.
Dans notre patrie, un mystère est en train de s'accomplir, dont la véritable importance nous échappe encore en partie… Le peuple polonais a gardé une foi ardente, ainsi que son unité face au Père céleste, son amour pour Marie, Mère du Christ, et sa confiance en l'Église de Dieu… Mais nous n'arriverons pas à percer ce mystère ! Ce sont les mystères de Dieu… [2] »

À l'époque du concile Vatican II, l'épiscopat polonais entreprit les premières tentatives de proposer son expérience de la voie mariale de la victoire à l'Église universelle. Dans un document particulier, les évêques polonais exprimèrent leur conviction, confirmée par l'expérience

1. *Ibid.*, p. 190.
2. *Ibid.*, p. 191.

quotidienne, que « l'honneur rendu à la Mère de Dieu et Mère des hommes, Mère de tout le genre humain et particulièrement Mère de l'Église, est la seule façon de protéger l'unité et de garantir le salut [1] ».

C'est Karol Wojtyla qui fut l'auteur du mémorandum envoyé en 1972 au Vatican et à toutes les conférences de l'épiscopat dans le monde, dans lequel les évêques polonais demandèrent de consacrer la terre entière à Marie. Nous pouvons y lire ce que le cardinal de Cracovie avait souhaité dire au pape Paul VI :

> « Des éléments nouveaux s'y ajoutent qui, d'un acte renouvelé, feraient un nouvel acte de foi et de piété. Car il s'agirait d'une offrande collégiale – faite par votre Sainteté avec les évêques du monde entier. Pie XII l'a fait tout seul, tandis que vous, très Saint-Père, vous le feriez [...] en présence des pères du Concile. Cette fois-ci, vous feriez cet acte avec tout l'épiscopat de la terre, appelé par vous à Rome dans ce but [2]. »

Nous sommes ici à la croisée des chemins sur la voie que la Sainte Vierge choisit pour Karol Wojtyla. La réflexion des deux cardinaux polonais fit comprendre à tout le monde que l'acte de la consécration à Marie, s'il se voulait efficace, devait s'accomplir de façon collégiale, en union avec les évêques du monde entier.

La proposition lancée par l'Épiscopat polonais est la preuve d'une étonnante intuition de la part de ces deux grands pasteurs de l'Église polonaise. D'où leur est venue

---

1. Stefan Wyszyński, *Wszystko postawiłem na Maryję (J'ai tout misé sur Marie)*, Éditions du Dialogue : Paris 1980, p. 176.

2. *Ibid.*, p. 188.

cette pensée extraordinaire ? La direction, dans laquelle s'orientèrent ces deux personnages, faisait certainement partie des desseins de la Providence, pour qu'on arrivât à un pontificat peu commun, riche en événements inhabituels et fort importants. Ne pouvons-nous voir ici un miracle de Marie dans la vie du futur Pape, non éclatant, certes, mais important ?

La Providence dirigeait tout. Au bout de six ans à peine, Dieu sembla réaliser le plus grand rêve du primat Wyszynski, de la façon la plus inattendue : pour la première fois dans l'histoire de l'Église, un pape de Pologne, participant à la victoire mariale dans un pays derrière le rideau de fer, prit possession du Siège de saint Pierre. Il semblait alors que rien ne pouvait empêcher la réalisation de la grande idée de Wyszynski et de Wojtyla.

Mais les desseins de Dieu surpassent par leur richesse les attentes humaines. Tout allait être encore mis sens dessus-dessous. Lors des trois premières années du nouveau pontificat, l'Église allait entrer dans une voie mariale inspirée de l'expérience polonaise pour que la victoire sur une idéologie du mal soit remportée.

Personne ne savait encore que les événements à venir allaient corriger le projet polonais et que Jean-Paul II allait en effet orienter toute l'Église vers le but indiqué, mais autrement, selon les desseins du Ciel et non selon la pensée géniale de deux cardinaux polonais. Au bout de trois ans, Jean-Paul II orienta l'Église vers la réalisation des demandes que la Sainte Vierge avait adressées aux enfants à Fatima. Et ce fut le miracle suivant de Marie dans la vie de Jean-Paul II.

2

Un pape marial

« Renouvelez votre confiance et votre amour
au cours de la journée,
pour que Marie vous accompagne
dans votre vie quotidienne. »
Jean-Paul II

Il savait que la lumière du miracle l'accompagnait sans cesse. Dans son chemin à travers la vie, il se sentait guidé, tenu par la main. Ce qu'il ne savait pas, c'est que cette lumière sereine, miraculeuse, invisible pour les autres, allait devenir un éclair aveuglant. La main qui le guidait fut même capable d'écarter la mort, lorsque ce fut nécessaire. C'est alors que le miracle cessa d'être son secret personnel.

Lorsque les premiers miracles publics apparurent dans sa vie, presque personne ne distingua d'où ils venaient, ne sut lire le message qu'ils livraient. Quelques-uns seulement connaissaient son secret.

La présence extraordinaire de la Mère de Dieu à ses côtés demeurait secrète. Les miracles de Marie s'accomplissaient en cachette. Jusqu'en mai 1981…

Sans que personne ne s'y attende, « l'homme d'un pays lointain » devint Pape.

Un miracle se trouva-t-il à la base de son pontificat ?

Quelqu'un d'autre, en plus des cardinaux, prit-il part au conclave ?

Car ce fut cette personne qui désigna Wojtyla.

S'agissait-il de propager le miracle polonais dans le monde ?

Ou l'intervention divine poursuivait-elle un autre but ?

Karol Wojtyla devint le pape Jean-Paul II. Pour une raison importante. Si importante que Dieu décida de se révéler à nous par l'intermédiaire d'un miracle marial.

*

« *C'est son choix !* »

Nous n'avons pas à savoir pourquoi Jean-Paul Ier mourut le trente-troisième jour de son pontificat [1]. Nous savons seulement que Karol Wojtyla, lorsqu'il apprit son décès, reçut cette nouvelle avec beaucoup de gravité et quitta aussitôt ses amis de Cracovie avec qui il aimait se réunir. Il s'attendait à ne pas revenir à Cracovie après le conclave suivant…

---

1. Élu le 26 août 1978, ce Pape italien surnommé « le Pape au sourire » mourut subitement dans la nuit du 28 septembre 1978, âgé de 66 ans (NdÉ).

Il fut le dernier, le cent-onzième cardinal à se rendre au conclave. Lorsqu'il passa par la Porte d'Airain, les horloges sonnaient l'heure limite pour l'arrivée des cardinaux qui se rassemblaient afin d'élire un nouveau pape. Un instant plus tard, la porte se referma derrière lui. Lorsqu'il sortit de la chapelle Sixtine, il était le deux-cent-soixante-troisième successeur de saint Pierre. Et tout était devenu différent.

Il serait erroné de considérer l'élection du cardinal de Cracovie au siège du pape comme un couronnement, comme la récompense de sa piété et de sa clairvoyance, comme un signe de reconnaissance définitive de son service pour l'Église. Non, ce n'était là que le début de son rôle dans l'histoire contemporaine du salut. Mais personne, pas même le Pape nouvellement élu, ne comprenait encore le vrai sens de ce pontificat.

En effet, ce pontificat s'expliquerait par Fatima. Mais Jean-Paul II n'en était pas encore conscient. Il se doutait seulement que la Sainte Vierge l'avait désigné comme successeur de saint Pierre et il savait que la Sainte Vierge avait des projets le concernant. Il en pressentait l'orientation, se trompant toutefois sur les détails. Cette erreur fut probablement inscrite dans les desseins de la Providence…

Considérons d'abord les débuts du pontificat polonais.

Mentionnons un fait que l'on peut considérer comme un prélude important au conclave qui désigna l'évêque de Cracovie comme Souverain Pontife. Un fait tout simple, car il s'agit d'une amitié, et l'amitié véritable est toujours simple. Pressé de rejoindre le conclave, Wojtyla prit cependant le temps de rendre visite à un ami malade, l'évêque Andrzej Maria Deskur.

Qui était Andrzej Deskur pour le futur Pape ? Davantage qu'un simple collègue du séminaire de Cracovie. Il était son « disciple » qui, à son exemple, avait tout donné à la Sainte Vierge. Tous deux étaient ses « esclaves ». Pour se caractériser, Diskur disait « aimer avec le cœur de Marie », témoignant ainsi qu'il était bien avancé dans sa démarche de l'abandon envers la Mère de Dieu. Lui aussi connut « l'échange mystique de cœurs ».

Wojtyla « l'esclave » rendit donc visite à Deskur « l'esclave ». Cette terminologie, bien sûr, nous fait frémir. Pourtant, ils s'appelaient ainsi et vivaient selon ce terme.

Andrzej Maria Deskur, qui travaillait à la Curie du Vatican déjà bien avant le conclave, tentait de gagner le soutien des cardinaux pour Wojtyla. Une intuition – mariale, semble-t-il – lui permit d'envisager son ami comme candidat à la fonction du pape choisi par Dieu. Ses démarches diplomatiques furent interrompues par une hémorragie qui le cloua dans une chaise roulante jusqu'à la fin de sa vie. Pourquoi, au seuil du conclave, Deskur fut-il victime de cette hémorragie aux suites si fatales ? N'était-ce pas un autre « miracle » de Marie qui interrompait ainsi ses démarches en faveur de Wojtyla ? Pourquoi aurait-elle fait cela ? Peut-être n'aurait-elle pas apprécié que l'on insinue que Wojtyla était devenu Pape grâce aux talents diplomatiques de Deskur. Elle voulait peut-être que l'élection du nouveau Pape soit considérée uniquement comme l'œuvre de l'Esprit Saint...

Il existe une autre interprétation de cet événement. Le cardinal Stanislas Dziwisz révéla que la maladie de

Deskur était un signe donné au Pape : la souffrance des personnes unies à lui personnellement était féconde pour que son pontificat réalisât les desseins de Dieu.

Des années plus tard, Karol Wojtyla, en qualité de Pape, évoqua la maladie inattendue de Deskur en disant qu'elle était un signe qui lui avait donné à réfléchir. Dans sa vie, il y eut plusieurs signes semblables à celui-ci. [...] Comme si, disait le Saint-Père, son élection au siège de saint Pierre était mystérieusement liée à la souffrance de son ami [1].

La maladie de l'évêque Deskur, si elle fut « un miracle » de Marie, nous permet de découvrir une autre catégorie de miracles mariaux, également présents dans la vie de Jean-Paul II. Dans la plupart des cas, ces « miracles difficiles » s'avérèrent les plus grands et les plus féconds.

La visite rendue à Deskur représentait davantage que la simple rencontre de deux amis. Il est possible de découvrir d'autres éléments dans ces retrouvailles empressées. D'abord, une demande de la part de Wojtyla : que le malade, si proche de Marie et si efficace dans ses prières, implore la réalisation de la volonté de Dieu lors du conclave, mais, si possible, autrement que de la façon dont Deskur le désirait – qu'un autre devînt Pasteur de l'Église universelle. Un signe différent y fut donné : ces deux hommes consacrés à Marie constituaient comme l'avant-garde d'une génération nouvelle, celle qui allait voir le Triomphe du Cœur Immaculé.

---

1. Stanisław Dziwisz, *Świadectwo w rozmowie z Gian Franco Sviercoschim (Témoignage dans l'entretien avec Gian Franco Sviercoschim)*, TBA Communication du Marketing, Waraszawa 2007, p. 58.

Sœur Lucie écrivit à ce propos dans les *Appels du message de Fatima* :

> « Dieu dit à Satan qui avait tenté les premiers êtres humains et les avait incités à la désobéissance par rapport à la recommandation divine : *"Je mettrai l'hostilité entre toi et la femme, entre ta descendance et sa descendance. Celle-ci t'écrasera la tête et toi, tu la meurtriras au talon."* (Gn 3, 15) Marie est la Mère de cette nouvelle génération [...], Marie est la Mère de cette descendance destinée par Dieu à écraser la tête du serpent infernal.
> La dévotion au Cœur Immaculé de Marie devait se propager et s'enraciner dans le monde par une vraie dévotion (c'est-à-dire par la consécration), ayant pour résultat la conversion et la remise à Marie, de même que par la consécration, le pain et le vin se transforment en Corps et en Sang du Christ qui, dans leur existence, relèvent du Cœur de Marie. C'est sous cette forme que le Cœur Immaculé de Marie devrait nous servir de secours et de chemin vers Dieu [1]. »

On retrouve ici le thème mystique de « l'échange de cœurs », celui que saint Louis-Marie intégra à son *Traité de la vraie dévotion à la Sainte Vierge*. Car cette véritable dévotion à la Sainte Vierge, qu'est-elle au juste ? Ce n'est pas par hasard que sœur Lucie fait cette comparaison avec l'Eucharistie. Elle voulut montrer que la dévotion mariale se traduit par une réelle transformation intérieure, invisible pour le monde, comparable à celle qui s'opère dans le pain et dans le vin sur lesquels le prêtre prononce les paroles de la consécration.

---

1. Sœur Lucie, *Apele orędzia fatimskiego (Appels du message de Fatima)*, Pallotinum, Poznań 2003, p. 130-131.

Faut-il ajouter que les deux « esclaves » de Marie, qui se rencontrèrent à Rome en 1978, étaient réellement consacrés à Marie et expérimentaient véritablement la transformation s'opérant en eux ? Sans le savoir encore, ils étaient l'avant-garde d'une « nouvelle génération » qui allait vaincre le mal, non seulement dans la dimension spirituelle, mais aussi dans la dimension sociale, voire politique. Elle vaincrait la génération de Satan et conduirait l'humanité vers la lumière.

La nouvelle génération, qui naîtra de cette Femme annoncée par Dieu, triomphera dans le combat contre la génération de Satan, après lui avoir écrasé la tête [1].

Des années plus tard, tous les composants du pontificat polonais commenceraient à être réunis, formant ainsi un ensemble parfait. Jean-Paul II fut le premier membre de la « nouvelle génération » et, en plus, il fut « sa sagesse ». Pour que le monde puisse s'en rendre compte, il fallait un miracle retentissant. Ou un grand signe, qui inciterait les personnes consacrées à Marie à s'engager dans la voie adoptée par cet homme si saint.

Le premier à marcher avec lui fut Andrzej Maria Deskur. Il paraît que sœur Lucie, dans la vie de laquelle les miracles de Marie furent présents presque quotidiennement, en savait beaucoup sur le nouveau Pape, encore non élu, et sur la voie par laquelle il allait passer. Karol Wojtyla ne disposait pas d'un tel savoir car, contrairement à la voyante de Fatima, il ne bénéficia pas d'apparitions miraculeuses. Il fut l'objet d'autres miracles de la part de Marie qui lui donnait des signes et l'aidait à les

---

1. *Ibid.*, p. 131.

interpréter. Bientôt, Wojtyla allait en comprendre clairement quelques-uns.

Dix jours après l'enterrement de Jean-Paul Ier commença l'un des conclaves les plus importants de l'histoire de l'Église. Les cardinaux se retrouvèrent dans leurs cellules, voisines de la chapelle Sixtine. Ce fut un samedi, jour de Marie, jour qui suivait de près une grande cérémonie célébrée le 13 octobre à Fatima et dans tous les lieux de culte liés à Fatima : la cérémonie du 13 octobre était l'anniversaire de la dernière apparition de Fatima, liée au « miracle du soleil » qui provoqua la conversion de dizaines de milliers de personnes. Deux jours mariaux de préparation – ce fut un signe dans lequel le futur Pape reconnut par la suite l'action de Marie, celle qui, sans être membre du collège des cardinaux, fut pourtant présente au conclave. Celle qui n'y demeura pas un observateur passif. Sa « voix » allait emporter la décision. Quelqu'un se permettrait-il de contester l'engagement de Marie dans ce conclave historique, elle qui a plus d'importance que tous les cardinaux ? Dans l'Église, elle a plus d'importance que le pape lui-même ! Ce sont des paroles étonnantes, mais Jean-Paul II les a pourtant bien adressées un jour au collège des cardinaux :

> « La vie de l'Église a un authentique “profil marial”, une dimension “mariale” [...]. Le profil marial a autant, sinon plus d'importance pour l'Église, que le profil apostolique, plus que le profil de Pierre, pourtant si fortement lié à elle. [...] La dimension mariale de l'Église se retrouve donc avant la dimension de Pierre [...]. L'Immaculée précède tous les autres, donc également Pierre et les Apôtres. Il en est ainsi, non seulement parce que Pierre et les Apôtres sont nés en état de péché, comme l'humanité entière [...], mais aussi

parce que le seul but de leur triple *munus* [mission] est de construire l'Église selon cet idéal de sainteté dont Marie fut le modèle [1]. »

Le Pape rappela que « Marie est "la Reine des Apôtres", mais qu'elle est loin de revendiquer son droit au pouvoir apostolique. Son pouvoir à elle est différent et plus grand ».

Ce pouvoir « plus grand et différent » se révéla de façon miraculeuse lors du conclave qui allait élire comme pape un cardinal venu d'un pays lointain.

Le conclave ne dura pas longtemps. Le lundi 16 octobre 1978, à 16 h 30, Karol Wojtyla fut élu Pape. À18 h 18, la fumée blanche au-dessus des toits du Vatican attira les regards du monde entier vers le balcon donnant sur la place Saint-Pierre. Le cardinal Pericle Felici prononça la formule latine : « Je vous annonce une grande joie. Nous avons un pape. » – *Annuntio vobis gaudium magnum. Habemus Papam.*

Alors qu'il allait prononcer la phrase suivante, il eut un moment d'hésitation, ne sachant encore prononcer ce nom bizarre, non italien : *Eminentissimum ac Reverendissimum Dominum... Carolum...*

« Le plus révérend » porte-t-il le nom de Karol ? Quelques applaudissements incertains se firent entendre, un murmure d'étonnement, la consternation des

1. Jean-Paul II, Discours adressé au Collège des Cardinaux et aux membres de la Curie Romaine, le 22 décembre 1987, Osservatore Romano, édition polonaise, nr 1. p. I-II. Voir aussi dans : (Maria Filipiak (red)., *Jan Paweł II o Matce Bożej, 1978-1998. Homilie i Przemówienia (Jean-Paul II sur la Mère de Dieu, 1978-1998. Homélies et Discours*, Les Prêtres Marianistes, Warszawa 1999, p. 12-13.

commentateurs : qui était donc ce cardinal ? Mais lorsque la foule entendit la fin de la formule annonçant le nom pris par le nouveau Pape, un cri de joie monta au ciel : *Qui sibi nomen imposuit Ioannus Pauli.* Ce « Karol » prit le nom de Jean-Paul.

Un cardinal inconnu, venu d'un pays inconnu, devint Pape. C'était une élection étonnante, une élection si inattendue qu'un miracle se cachait derrière, nécessairement. On n'aurait jamais élu un cardinal qui n'était pas originaire d'Italie, contrariant ainsi une tradition longue de plusieurs siècles, s'il ne s'agissait de quelqu'un d'exceptionnel et si le Ciel n'avait prévu le caractère extraordinaire du pontificat qui commençait.

De plus, c'était un homme venu de l'autre côté du rideau de fer. On allait apprendre également, quelques minutes plus tard, que les cardinaux avaient élu un Pape relativement jeune, un homme de cinquante-huit ans à peine ! On remonta en arrière par la pensée, mais on ne trouva pas dans l'histoire un pape aussi jeune… D'habitude, un homme âgé, un « sage », devenait pape. De nouveau, la question surgit : qu'avait-il de si particulier, ce Karol, pour être élu en dépit des exigences imposées par quelques dizaines de conclaves antérieurs ?

On donna plusieurs réponses à cette question. Pourtant, Karol Wojtyla portait dans son cœur une explication différente de celles répétées jusqu'à aujourd'hui. Il ne s'agissait pas de son rôle déterminant lors du concile Vatican II. Ne comptaient guère non plus ses connaissances, sa capacité de parler couramment plusieurs langues étrangères, sa solide approche du communisme – premier système luttant contre Dieu de façon programmée. Si l'élection d'un pape est l'œuvre de l'Esprit Saint agissant par les cardinaux, en ce qui concerne l'élection de Karol Wojtyla, l'explication porte également le nom de Marie…

Mentionnons les éléments mariaux de l'élection du nouveau Pape.

Lorsque, le 16 octobre 1978, le cardinal dirigeant l'élection posa la question habituelle : « Est-ce que tu acceptes ? », le cardinal Wojtyla prononça les paroles qui formèrent son Credo de Pape : « Dans l'obéissance de la foi au Christ mon Seigneur, en faisant une confiance totale à la Mère du Christ et de l'Église, conscient des grandes difficultés – j'accepte. »

Nous retrouvons ici la première trace mariale du conclave. Wojtyla se déclare prêt à entreprendre la tâche difficile de diriger l'Église universelle parce que, dès le premier moment de ce nouveau pontificat, il confia sa nouvelle vie à la Sainte Vierge. Dès le début aussi, en mentionnant la Mère de l'Église, il suggéra qu'il allait poursuivre la voie polonaise vers la victoire.

Karol Wojtyla accepta pour Marie…

Ce ne fut cependant pas une réponse totalement spontanée, car le Pape désigné par les cardinaux avait eu le temps d'entendre la voix du cardinal Wyszynski qui avait lancé, comme un ordre au métropolite de Cracovie : « Ne refusez pas à cause de Marie. » Si ces paroles furent prononcées plus tôt comme certains le prétendent, cela ne change rien. Wyszynski les avait probablement prononcées dans sa cellule, lorsque le futur Pape, la veille, conscient de gagner de plus en plus de voix, lui avait rendu visite.

Voici donc un élément nouveau : « Ne refusez pas », dit Wyszynski. Car le Ciel aurait besoin d'un saint marial sur le Siège de saint Pierre.

Et Wojtyla comprit bien la raison pour laquelle le Ciel l'avait désigné. C'est pourquoi, lorsqu'il apparut sur le balcon de la basilique Saint-Pierre, il prononça les paroles qui séduisirent la foule. Ces paroles nous indiquent aussi pourquoi il fut choisi par l'Esprit Saint. Jean-Paul II dit qu'il avait peur d'accepter le Siège de saint Pierre, mais qu'il acceptait la direction de l'Église « dans la confiance à la Sainte Vierge » :

> « J'ai eu peur d'accepter cette fonction, mais je l'ai fait dans l'esprit d'obéissance à notre Seigneur Jésus-Christ et dans la confiance totale à la Sainte Vierge. [...] Me voilà devant vous pour confesser notre foi commune, notre espérance et notre confiance en la Mère du Christ et de l'Église [1]... »

La salle mystérieuse du conclave s'ouvrit devant nous. Lorsque le cardinal Wyszynski (lui aussi « esclave » de Marie) s'approcha du Pape nouvellement élu, alors – comme le Primat l'affirma – « nos lèvres prononcèrent en même temps : "C'est son choix" ». Tous les deux finirent par interpréter les signes qui incitèrent Wojtyla à accepter la décision des cardinaux. Tous deux étaient certains que Marie voulait le cardinal de Cracovie – son « esclave » – sur le trône du Vatican.

---

1. Mirosław Drozdek SAC, Wincenty Łaszewski (red.), *Jan Paweł II jego życie i jego serce w różańcu (Jean-Paul II, sa vie et son cœur dans le rosaire*, Éditions des Sœurs de Lorette, Warszawa 2005, p. 56.

Stefan Wyszynski et le Pape nouvellement élu semblaient en savoir beaucoup sur les desseins de Dieu, sans toutefois les comprendre entièrement. Ils savaient que c'était « son œuvre » et que Wojtyla venait d'être élu pour étendre l'expérience mariale polonaise à toute l'Église, pour que « toute l'Église soit victorieuse par Marie ».

D'autres le pressentaient également. Rocco Buttiglione, journaliste italien, philosophe et conseiller de Jean-Paul II, écrivit :

> « La foi vérifiée dans la vie d'une nation devient l'interprétation de l'histoire. Le pontificat de Jean-Paul II doit donc être considéré sur le fond d'un courageux témoignage de foi, donné par l'Église polonaise, dirigée par Stefan Wyszynski, grand stratège. De sa confrontation avec le communisme, cette Église est sortie victorieuse, ce à quoi Jean-Paul II s'attendait depuis le début, d'ailleurs. Cette victoire permit au Pape d'apporter librement son témoignage à la vérité [1]. »

Norman Devis, historien, eut le courage d'affirmer sans détours que l'élection du cardinal Wojtyla au Siège de saint Pierre fut un signe « couronnant définitivement la victorieuse Église polonaise [2] ».

Conduire l'Église universelle par des chemins polonais ? Tout cela reste encore très peu clair. Et – comme nous le verrons bientôt – il subsistera toujours une pointe d'ombre.

---

1. *Ibid.*
2. *Ibid.*

Le programme polonais du pontificat

L'Église polonaise allait montrer le chemin de l'expérience mariale polonaise. Le Pape récemment élu pensait donc consacrer l'humanité à Marie en tant que Mère de l'Église. Il pensait le faire de manière collégiale. C'était bien le fil conducteur de l'école mariale polonaise.

L'expérience polonaise de la victoire mariale… Wyszynski rêvait de la généraliser, Wojtyla cherchait un moyen de la transmettre au monde entier. Au moment où le cardinal polonais prit le siège de Pierre au Vatican, tout semblait facile. Il fallait faire l'acte de consécration à la Sainte Vierge de Jasna Góra (grand sanctuaire marial à Czestochowa) une nouvelle fois, tout en lui donnant une dimension universelle. Pourtant, les desseins de la Providence qui, depuis des années, préparaient Wojtyla à sa tâche nouvelle, la plus importante, n'étaient pas aussi évidents que les cardinaux polonais le supposaient.

En automne 1978, personne ne s'imagina que les signes qui accompagnèrent l'élection d'un Polonais au Siège de saint Pierre prenaient leur source, non à Jasna Góra, mais dans les messages de Fatima. Les racines de la « victoire polonaise par Marie » plongeaient plus en profondeur, au-delà du culte de la Vierge Noire, Mère à qui l'on se consacre. Il est étrange de constater que ni le Primat ni le cardinal de Cracovie ne s'en rendirent compte. Pourquoi les évêques polonais ne remarquèrent-ils pas « la présence de Fatima dans la victoire emportée par la Sainte Vierge en Pologne » ? Personne ne se souvint que « l'expérience polonaise » de la vraie dévotion à Marie, qui sauva la liberté de l'Église polonaise, avait commencé non en 1956, mais déjà en 1946 ; elle avait dix ans de plus que les cardinaux polonais ne le prétendaient. Ce fut en 1946 que les évêques polonais, à l'exemple du Portugal, confièrent leur patrie au Cœur Immaculé de Marie, et les vœux de 1956 renouèrent directement avec cet acte.

Examinons brièvement les véritables origines dans lesquelles la « victoire polonaise » s'enracina, et donc les évidences que Jean-Paul II n'allait découvrir que quelques années plus tard.

Tout commença par une lettre que sœur Lucie avait écrite au pape Pie XII le 2 décembre 1940 :

> « Saint-Père, si je ne me trompe en interprétant l'union du Seigneur avec mon âme, le Seigneur a promis de protéger le Portugal de façon particulière pendant cette guerre, ceci parce que les évêques portugais ont confié toute la nation au Cœur Immaculé de Marie. Cette promesse de notre Seigneur est la garantie des grâces qui seront accordées aux autres nations si, à l'exemple du Portugal, elles se confient à lui [1]. »

La lettre de la voyante de Fatima se référait à deux interventions miraculeuses de la Mère de Dieu dans l'histoire du Portugal. En 1933, puis sept ans plus tard, les évêques portugais consacrèrent solennellement leur patrie à la protection du Cœur Immaculé de Marie. Ces actes furent accomplis en réponse à sœur Lucie qui assura les évêques de l'intervention de la Sainte Vierge pour « sauver le pays en raison de ces actes ».

---

1. Maria Lúcia de Jesus, R.S.D., Carta enviada ao Santo Padre, 2 de Dezembro de 1940, w : Antonio Maria Martins SJ, *Novos documentos de Fátima*, Livraria Apostolado da imprensa : Porto 1984, s. 248.

Effectivement, suite au premier acte de consécration, la guerre civile en Espagne ne s'étendit pas au Portugal ; et suite au deuxième, en dépit de fortes pressions, le Portugal ne fut pas mêlé au conflit de la seconde guerre mondiale et resta neutre jusqu'à la fin.

Ces événements miraculeux prouvèrent que tout pays se consacrant au Cœur Immaculé de Marie pourrait bénéficier de grâces extraordinaires dans son histoire.

La Pologne devint le premier pays à accepter l'offre du Ciel mentionnée par sœur Lucie et, en 1946, suivit l'exemple du Portugal. Wyszynski et Wojtyla considérèrent les fruits de ces actes comme ceux des actes de la consécration à la Vierge de Jasna Góra, en 1956 et en 1966. L'acte de 1946 fut également accompli à Jasna Góra et en présence d'un million de fidèles. Ce fut un événement d'une grande importance, inoubliable, d'autant plus que Wyszynski, alors évêque de Lublin, s'engagea dans cet acte plus que d'autres membres de l'épiscopat. Dans le numéro historique de la revue *Niedziela (Dimanche)*, nous pouvons lire :

> « Un million de personnes formant une foule compacte, rassemblée sur une place [...], une tête à côté d'une autre [...], une mer de têtes humaines [...]. Il y avait là plus d'un million de Polonais et de Polonaises qui, sans tenir compte des incommodités du voyage, étaient venus en train, en charrette, en camion et [...] à pied, des coins les plus éloignés de toute la Pologne [...]. C'était un million de cœurs embrasés par l'amour de la Sainte Vierge, un million de cerveaux soucieux de l'avenir de leur Patrie et cherchant auprès de leur Mère et Reine la consolation, le secours et la foi en un avenir où la Justice, la Paix, l'Amour, la Vérité, le Bonheur et la Beauté régneraient dans le monde ! Un tel million a son poids. Il est

impossible de mesurer sa valeur. Celui qui vit ce million de personnes de ses propres yeux ne l'oubliera jamais [1] ! »

Et pourtant, ceci fut oublié... Comme par miracle. Tout allait s'éclairer seulement à la lumière des faits et des signes futurs, si lisibles que, tout-à-coup, le lien entre la « victoire polonaise » et Fatima devint évident et logique.

Pourquoi personne ne vit-il ces liens évidents ? Peut-être que la Sainte Vierge voulut qu'il en soit ainsi ? Peut-être, à cette époque, les Polonais devaient-ils oublier Fatima, peut-être avaient-ils besoin de leur Madone de Jasna Góra ? Fatima était un lieu de l'autre côté du rideau de fer, lointain, inaccessible, alors que Jasna Góra représentait la partie spirituelle de la nation, lieu des miracles historiques. Notre Dame de Jasna Góra était présente dans chaque maison polonaise, son culte fut immense, le Ciel désirait peut-être que le triomphe de Marie se fasse dans des conditions terrestres favorables... Le message de Fatima allait-il être oublié jusqu'en 1981 ? Voici un fait bien étonnant : dans les années soixante, on construisait partout des milliers d'églises dédiées à Notre Dame de Fatima ; or, le pays le plus lié à Fatima après le Portugal semblait, quant à lui, l'oublier, tourné tout entier vers Jasna Góra d'où la victoire était réellement venue. Cette « amnésie de Fatima » fut-elle une grâce du Ciel ? Cela aurait été un « don » étonnant de la

1. Texte pris de l'hebdomadaire *Niedziela (Dimanche)* du 15 septembre 1946, dans : Mirosław Drozdek SAC, *Orędzie fatimskie na polskiej ziemi (Message de Fatima en Pologne)*, Fons Omnis : Szydłowiec 2008, s. 18.

part de la Sainte Vierge, mais, souvent, surprenants sont les miracles qui marquent le chemin le plus direct vers le triomphe de la Mère de Dieu…

En effet, il fallut un signe fort pour que le nouveau Pape comprenne que la première victoire de Marie en Pologne correspondait à une date concernant Fatima. Ce signe fut celui de l'attentat du 13 mai 1981, car cette date concernant Fatima – le 8 septembre 1946 – si importante pour l'histoire moderne de la Pologne, avait donc été oubliée ! Quand on parlait de « la victoire de Marie » en Pologne, on se référait à des événements postérieurs, à savoir au renouvellement des Vœux du roi Jean II Casimir en 1956 [1] ou à la célébration du Millénaire de son Baptême en 1966. Tout le monde croyait que « la voie polonaise » était tracée par ces événements historiques. C'est ainsi que le voyaient les cardinaux Wyszynski et Wojtyla. En désirant que la victoire de l'Église en Pologne devienne celle de l'Église universelle, ils avaient adressé un mémorandum à Paul VI pour que le Pape, de façon collégiale, confie l'Église à Marie Mère de l'Église. Ils ne se doutaient pas un seul instant que ce qu'ils demandaient ressemblait énormément à ce que la Vierge demandait à Fatima. Ressemblait, et en même temps était très différent : Wyszynski et Wojtyla voulaient consacrer l'Église et Marie voulait qu'on lui consacre la Russie et le monde. Les ecclésiastiques polonais voulaient confier l'Église à Marie Mère de l'Église et Marie à Fatima demandait la consécration à son Cœur Immaculé.

1. Trois siècles avant, le roi Jean II Casimir avait consacré la Pologne à la Vierge Marie (NdÉ).

Quand le cardinal Woltyla devint Pape, on pensait qu'enfin on réussirait à faire la consécration planifiée depuis tant d'années. Effectivement, Jean-Paul II se préparait à réaliser le grand rêve du primat Wyszynski pour le 7 juin 1981. Il avait prévu une consécration solennelle selon « le modèle polonais »... Il allait consacrer toute l'Église à Marie en tant que Mère de l'Église, et allait le faire d'une manière collégiale. Il ignorait alors que quand cet acte de consécration serait accompli, il serait différent dans son essence de ce qu'il avait d'abord prévu de faire : avec les évêques du monde entier, il allait consacrer à Marie, non l'Église, mais le monde entier ; et il ferait cette consécration, non à Marie Mère de l'Église, mais au Cœur Immaculé de Marie. Il allait donc... revenir à l'expérience polonaise de 1946.

Le Saint-Père avait prévu la grande cérémonie de la consécration du monde à la Sainte Vierge pour le 7 juin 1981, selon « le modèle polonais » où l'idée de la collégialité, puis celle de l'Église universelle et celle de Marie Mère de l'Église furent incluses.

Les grandes cérémonies mariales allaient avoir lieu au Vatican dans un mois à peine, lorsqu'un terroriste se mit en travers de leur réalisation...

Il est *bien* qu'il en fût ainsi... Les théologiens enseignent que la toute-puissance se traduit par la capacité de transformer le mal en bien. Il en fut également ainsi dans ce cas précis : Dieu se servit du « mauvais » attentat pour en tirer « un bien » – pour révéler sa puissance et attirer l'attention du Pape vers les vrais desseins de la Providence.

Faisons encore une fois appel à l'opinion des théologiens.

Nous pourrions prétendre que, dans une perspective surnaturelle, l'attentat allait empêcher la réalisation de l'acte de consécration. Le diable a en effet une certaine idée des desseins de Dieu : cette idée n'est pas parfaite, mais lui permet d'avoir un pressentiment du danger qui le guette. L'esprit du mal savait que le nouveau Pape allait contrarier ses projets en confiant à Marie la royauté sur le monde. Il décida donc de tuer Jean-Paul II, pour que la volonté de Dieu ne puisse pas être réalisée. Il ne savait pas qu'il pouvait se sentir en sécurité pendant un moment encore, car le Saint-Père « bifurqua », en quelque sorte. Comme par dérision, la tentative de contrarier les desseins de Dieu provoqua l'échec total de Satan : par l'attentat, le Pape s'empara de la boussole de Fatima qui lui indiqua infailliblement la bonne direction. Dieu, dans sa toute-puissance, se servit du mal pour réaliser ses desseins.

Le secret des attentats se présente ainsi dans la perspective théologique. Jean-Paul II était théologien… Il n'est donc pas étonnant qu'il accueillit cet événement comme la plus grande grâce de sa vie.

3

Sauvé

« C'est dans ton intercession
que nous plaçons toute notre confiance,
ô gracieuse, ô miséricordieuse,
ô douce Vierge Marie ! »
Jean-Paul II

Le mois de mai 1981 à Rome fut doux, marqué par la présence de Marie – de ses fêtes et commémorations, du chant des litanies de Lorette, de pèlerinages. Pour les fidèles de la Mère de Dieu, certains de ces jours furent importants, d'autres moins, en fonction de l'expérience spirituelle de chacun. En cette année, la commémoration de Notre Dame de Fatima se trouva reléguée au second rang, en quelque sorte. Ce jour, encore caché dans l'ombre, encore relégué au second plan, attendait son tour parmi d'autres cérémonies mariales. C'est seulement lorsque, le jour de la commémoration de Fatima, la Vierge Marie montra son pouvoir extraordinaire au monde entier que le 13 mai devint l'un des jours les plus importants de tout le calendrier de l'Église. Ce jour-là, en effet, Marie empêcha le Pape de franchir le seuil des portes de la mort.

Pourquoi ceci eut-il lieu le 13 mai ?

Il aurait été plus facile de tuer le Pape quelques jours plus tôt.

Pourtant, le terroriste choisit la place Saint-Pierre et l'audience générale du mercredi.

Pourquoi la mort ne vint-elle pas puisque, les bras grands ouverts, elle s'était précipitée vers « l'évêque en blanc » ? Sauvé, il put commencer une vie nouvelle qu'il appela un miracle.

Que s'était-il alors passé place Saint-Pierre ?

Plusieurs miracles se combinèrent pour repousser la mort.

*

Les faits

Le 13 mai de cette mémorable année 1981 était donc un mercredi ; l'audience générale, place Saint-Pierre, était inscrite dans l'agenda du Pape pour l'après-midi. Jusqu'à 17 h 17, ce fut, pour Jean-Paul II, une journée de travail ordinaire. Le Pape aimait bien l'audience du mercredi : il pouvait rencontrer des gens, serrer des mains tendues, échanger un sourire et quelques mots, prendre des enfants dans ses bras. Il ne savait pas que, parmi les personnes rassemblées sur la place, se trouvait un homme qui n'avait pas l'intention de lui sourire, un homme au regard intensément concentré, un homme dont le corps était tendu comme une corde. Selon les documents qu'il avait dans sa poche, il s'appelait Faroum Ogzoum. Il attendait patiemment que Jean-Paul II croise son chemin. Alors, au lieu d'une main amicale, il allait lui donner… la mort.

À 17 h 15 passées, la papamobile, faisant son dernier tour, se trouva à quelques mètres de ce jeune Turc, âgé de vingt-trois ans. Une arme apparut alors dans sa main. Un browning infaillible, calibre 9 mm, tira sa première balle, puis une autre juste après. C'est alors que le pistolet parfait s'enraya et se tut. Un grand silence se fit alors sur la place devant la basilique. Seuls les pigeons effrayés battaient des ailes en s'envolant. Le Pape s'affaissa dans les bras de son secrétaire, le cardinal Dziwisz ; la voiture démarra en zigzags, pour éviter les tirs suivants. Au fond de la papamobile, allongé, le Pape expirait.

L'assassin, qui était-il ? Il se nommait Mehmet Ali Agca, jeune terroriste turc, le même qui, en 1979, avait tué Abdi Ibekci, rédacteur en chef de *Miliyet*, le plus grand quotidien turc. Il s'était acquitté à la perfection de sa première tâche. La même année, aidé par les gardiens, Agca s'enfuit de sa prison, déguisé grâce à un uniforme militaire. Au bout de quelques jours, il parla du Pape pour la première fois. Il déclara vouloir tuer le Saint-Père si celui-ci décidait de venir en Turquie.

Heureusement, Agca ne réalisa pas sa déclaration d'alors. L'attentat prévu fut remis à plus tard, tandis que le terroriste turc commençait à s'entraîner. Il passa un certain temps dans un camp de terroristes palestinien, tout près de Beyrouth, puis se rendit en Iran. L'été 1980, il passa environ deux mois dans le luxueux hôtel *Vitosha*, contrôlé par les services de sécurité bulgares.

En mai 1981, Agca se rendit à Rome et s'installa dans la chambre 31 de la pension Isa, tout près du Vatican. Le dimanche 10 mai, trois jours avant la commémoration de Notre Dame de Fatima, il suivit le Pape dans la paroisse de Tor Tre Teste que Jean-Paul II visitait ; mêlé à une foule pas trop nombreuse, il aurait pu s'acquitter de sa tâche sans contrainte.

S'il avait tiré ce jour-là, les miracles qui, quelques jours plus tard, allaient sauver le Pape, auraient été insuffisants. Les hôpitaux romains étaient fort éloignés de cet endroit, ils se trouvaient à plus de trente kilomètres. Pourquoi donc Agca ne tira-t-il pas ? Était-ce là la première étape du grand miracle que la Sainte Vierge allait alors inscrire dans le pontificat polonais ?

Trois jours plus tard, le terroriste se mêla à la foule qui attendait le Pape place Saint-Pierre. La veille, il avait procédé à une reconnaissance des lieux et avait soigneusement choisi sa place. Il repéra le deuxième rang dans le secteur E, non loin de la Porte d'Airain, comme le meilleur endroit pour y attendre le passage du Souverain Pontife. Le soleil ne l'aveuglait pas, les touristes de passage ne lui cachaient pas la cible. Lorsque le Pape viendrait en papamobile, d'autres que lui lèveraient aussi les bras en brandissant leurs appareils-photo. Personne ne ferait attention à l'arme automatique que brandirait la main d'un des pèlerins. Un autre terroriste, Oral Celik, se tenait trente mètres plus loin. Il allait tirer, lui aussi.

Cette fois encore, Agca s'acquitta de sa tâche à la perfection. Le Pape, mortellement blessé, allait mourir. Bien que tout ne fût pas conforme au projet du terroriste, les balles qu'il tira furent certainement meurtrières.

Que se passa-t-il plus tard ? La jeep quitta la place Saint-Pierre par la Porte des Cloches du Vatican. Le Pape fut immédiatement transporté dans une ambulance qui partit en direction de la clinique Gemelli. Jean-Paul II garda conscience un long moment. Il souffrait beaucoup, perdait de plus en plus de sang. À l'hôpital, il perdit connaissance. Il fut aussitôt transporté en salle d'opération. L'opération dura de 17 h 55 à 23 h 25. La pression sanguine chuta brutalement, le pouls s'affaiblit ; le Pape s'éteignait.

Mais il ne mourut pas.

Comment fut-il possible que Jean-Paul II ne mourût pas ? Et pourquoi, d'ailleurs, voulait-on le tuer ? Le terroriste lui-même sembla répondre à cette dernière question en juillet 2007 :

> « Pourquoi ai-je tiré sur le Pape ? C'est Dieu Très Saint qui décida de cet attentat. Le 13 mai 1917 : Fatima et le 13 mai 1981 : ce ne fut pas une simple coïncidence, mais une décision de Dieu. Le monde entier sera surpris quand j'aurai révélé le secret de Fatima jusqu'alors incompris, accompagné de preuves documentées. Pendant notre rencontre, le Pape m'a révélé que l'attentat était un signe de Dieu, souffrance de Dieu, douleur de Dieu [1]. »

Voici l'une des réponses les plus justes d'Agca à la question concernant les raisons de l'attentat et ses mandats. Le terroriste ne mentionna pas les raisons politiques : Moscou, qui craignait le Pape et son pouvoir de démonter la machine communiste. Agca considéra

1. Lettre d'Ali Agca de neuf pages, 2004, publiée dans *La Repubblica* le 7 mai 2006.

l'attentat dans une perspective religieuse et il eut certainement raison. Le Pape, victime de l'attentat, considérait l'événement du 13 mai de la même façon. Bien que le terroriste turc ait pu ne pas très bien comprendre les paroles de Jean-Paul II lorsque celui-ci lui rendit visite dans sa prison le 27 décembre 1983, il est certain que le Pape lui parla du signe inscrit dans l'attentat par Dieu lui-même. Derrière l'attentat se cachait bien une angoisse, mais qui n'était pas humaine : c'était l'angoisse de Satan !

Certains prétendirent que l'attentat contre le Saint-Père allait l'empêcher de consacrer le monde catholique à Marie Mère de l'Église, et donc empêcher un acte prévu pour le début du mois de juin 1981. Satan craignait que cet acte puisse purifier l'Église et, par ceci même, lui enlever sa puissance. Car l'on sait, d'après de nombreuses apparitions mariales, que le salut du monde viendrait de l'Église purifiée. Il fallait donc empêcher cet acte solennel…

Toutefois, Satan se trompa, ce qui eut pour lui des conséquences terribles. Car lorsqu'il passa à l'attaque, Marie se mit en travers de son chemin avec une succession de miracles. Qui sait, il est peut-être juste de leur attribuer des formes angéliques – on dit que la Sainte Vierge a distribué des rôles concrets à douze messagers du Ciel, dont ils s'acquittèrent « de manière angélique » tandis qu'elle-même se chargeait de la tâche la plus importante. Si l'on voulait développer cette hypothèse, on suggérerait qu'un ange se tenait depuis quelques jours auprès de Mehmed Ali Agca pour le convaincre que Jean-Paul II portait un gilet pare-balles ; qu'un autre enraya l'arme infaillible tenue par le terroriste ; qu'un troisième inspira le secrétaire du Pape à prendre une décision immédiate concernant le trajet ; qu'un quatrième se tenait auprès du professeur Crucciti qui, dans sa voiture, mit la radio en marche ; qu'un autre était présent dans l'ambulance et sur le trajet en direction de l'hôpital. Et ainsi de suite, jusqu'à douze. Ils furent peut-être même plus nombreux puisque la Reine des Anges est toujours accompagnée de foules angéliques…

La présence protectrice des anges au moment de l'attentat est mentionnée par le Pape lui-même dans ses réflexions. En octobre 1981, Jean-Paul II dit :

> « Pendant ces longues semaines passées à la polyclinique Gemelli, je pensais souvent [...] à un événement décrit dans les Actes des Apôtres, datant des premiers jours de l'Église à Jérusalem (cf. Ac 12, 1-11) : "*Ainsi Hérode* [...] *fit arrêter Pierre*" et "*le donna à garder à quatre escouades de quatre soldats* [...] *; son intention était de le présenter au peuple après Pâques.* [...] *La nuit précédant la comparution prévue par Hérode, Pierre dormait entravé par des chaînes, entre deux soldats. Des sentinelles gardaient la porte du cachot*" [1]. »

Humainement, la situation de Pierre était sans espoir. Plus rien ne pouvait le sauver de la mort. Mais le Pape rappela qu'un miracle se produisit alors. Il évoqua la suite de ce passage de l'Écriture Sainte :

> « Un messager du Seigneur s'est présenté ; une lumière a brillé dans la cellule. Le messager a posé la main sur la

---

1. Jean-Paul II, Audience générale, le 7.11.1981, dans : Maria Filipiak (red)., *Jan Paweł II o Matce Bożej 1978-1998. Audiencje generalne (Jean-Paul II sur la Mère de Dieu 1978-1998. Audiences générales*, Les Prêtres Marianistes, Warszawa 1999, p. 78.

hanche de Pierre pour le réveiller et lui a dit de se lever rapidement. Les chaînes se sont détachées. Le messager lui a dit aussi de se ceindre et de chausser ses sandales. Pierre l'a fait. Le messager lui a dit de mettre son manteau et de le suivre [1]. »

Un ange sauva la vie de Pierre. Il le fit sortir d'une prison sous haute surveillance. Le Pape cita les paroles de saint Luc, chroniqueur des premières années de l'Église :

« Ils ont franchi un premier poste de garde, puis un second, et sont arrivés à la porte de fer donnant sur la ville. Elle s'est ouverte d'elle-même devant eux. »

Et il ajouta :

« Cet événement des premiers jours de l'Église à Jérusalem me venait souvent à l'esprit lors de mon séjour à l'hôpital. »

Il est évident qu'étant convalescent, et lui-même successeur de Pierre [...], il médita longtemps sur ces paroles de l'Apôtre :

« Je suis sûr désormais que le Seigneur a envoyé son messager, et qu'il m'a arraché de la main d'Hérode et de l'attente du peuple juif [2]. »

Dieu s'était servi d'un ange pour sauver saint Pierre. L'analogie ne s'impose-t-elle pas d'elle-même : un ange du Seigneur prit également part au salut de Jean-Paul II. Il semble que Dieu se serve réellement des anges pour

1. *Ibid.*
2. *Ibid.*

sauver la vie de ses élus. Arrêté au jardin de Gethsémani, Jésus dit à Pierre : « *Penses-tu donc que je ne puisse faire appel à mon Père, qui me fournirait sur-le-champ plus de douze légions d'anges ?* » (Mt 26, 53.)

Autour de l'attentat contre Jean-Paul II, douze cohortes s'agitaient également…

Comment envisager tout cela ? Il est temps de revenir en arrière, de puiser dans le commencement du Livre de la Genèse. Cet effort ne sera pas inutile.

Le Pape est mort et il vit

« *Je mettrai l'hostilité entre toi et la femme, entre ta descendance et sa descendance. Celle-ci t'écrasera la tête et tu la meurtriras au talon.* » (Gn 3, 15) Ces paroles sont connues de la plupart des croyants. Se rendent-ils compte, pourtant, qu'un miracle est dissimulé dans cette prophétie ? Nous y lisons que Dieu met l'hostilité entre deux puissances qui s'excluent mutuellement. Satan et sa descendance d'un côté, la Femme et sa descendance de l'autre n'ont rien en commun, n'ont pas de points de rencontre. Ces deux puissances sont la négation l'une de l'autre. Il y a la lumière et les ténèbres, le bien et le mal, le haut et le bas. Ces deux puissances détiennent dans leurs mains le destin de toute la création, car elles sont toutes deux des créatures et, pour employer un langage plus complexe, théologique, elles sont « l'icône de l'avenir ».

Le texte biblique ne parle même pas concrètement de cette hostilité. Nous ne savons pas qui cherche qui – il est possible que les deux partis cherchent une confrontation qui, un jour, sera forcément définitive. Il semble pourtant que Satan est plus actif. Lorsque, finalement, une rencontre a lieu, Marie (si l'on adopte la version de saint Jérôme – car c'est bien d'elle dont il est question dans cette prophétie) tue le dangereux serpent. Comment agit-elle ? Nous lisons qu'avec son talon, elle lui écrase la tête. Nous lisons également que le serpent la blesse au talon. Logiquement parlant, la blessure portée par Satan doit se faire en premier lieu, ne serait-ce qu'une fraction de seconde avant que la Sainte Vierge ne l'atteigne à la tête. Car le premier coup est porté par Satan. Remarquons-le : ce coup est mortel et Satan peut déjà se considérer comme vainqueur. Sa morsure provoque irrémédiablement la mort. Pourquoi donc Marie, au lieu de périr, tue-t-elle elle-même le serpent dont les yeux, d'une fixité soudaine, expriment encore l'étonnement ? Le venin n'est pas assez fort pour tuer la vie.

C'est l'exemple du plus grand miracle dans l'histoire du salut. Marie, mortellement blessée, voire tuée, ne meurt pas. Dans les moments essentiels de l'histoire, ce miracle se reproduira en tant qu'accomplissement de la prophétie biblique, concernant aussi l'Église. Car la version plus correcte de la traduction de ce passage de Gn 3, 15 est la suivante : « *Elle t'écrasera la tête et toi, tu la blesseras au talon.* » Elle – ce n'est pas Marie, mais plutôt sa descendance. C'est elle qui livrera bataille au serpent infernal, c'est elle qui sera blessée mortellement et qui ne périra pas. L'attaque de Satan se termine par un échec. Lorsque la tête du serpent aura touché le talon de la descendance de Marie, la jambe se lèvera vers le Ciel puis retombera en bas, atteignant le serpent à la tête.

Cette image parle d'elle-même et tout devient plus limpide. Car c'est ainsi que Jean-Paul II, fils de Marie, fut atteint, mais ne mourut pas, « blessé » par la balle du terroriste en cet après-midi de mai 1981. Il ne mourut pas, car la Femme se tenait auprès de lui. Même Mehmed Ali Agca le sentit (comme le cardinal Dziwisz s'en souvient) et fut inquiet à cause de cette puissance qui le saisit. « Il visa bien et tira juste, tandis que sa victime vivait. » Il en est question dans le troisième secret de Fatima, précisant qu'un moment avant « la victoire de Marie et de sa descendance, l'Église sera dans un péril mortel et le règne du mal commencera » :

> « Le Saint-Père traversa une grande ville, à moitié en ruines, et, tremblant, chancelant, fatigué par la douleur et la souffrance, il marchait tout en priant pour les âmes des morts dont les corps se trouvaient sur la route. Après avoir atteint le sommet d'une montagne, agenouillé au pied d'une grande croix, il fut tué par un groupe de soldats, qui l'atteignit par des coups de fusil et des flèches d'arc. Ainsi, d'autres évêques périrent l'un après l'autre, puis des prêtres, des moines et moniales, et beaucoup de laïcs, hommes et femmes de différentes conditions sociales [1]. »

Il est également possible d'envisager cette confrontation pour l'avenir. La confrontation entre le bien et le mal sera la même aux temps apocalyptiques. Tel sera le jour où Satan lèvera sa trompette pour annoncer son triomphe au monde entier. C'est alors qu'il sera vaincu par ceux qui furent « tués ». Comment se déroula la

---

1. Congrégation pour la Doctrine de la Foi, *Orędzie fatimskie (Message de Fatima)*, Pallotinum : Poznań 2000, p. 21.

bataille qui eut alors lieu place Saint-Pierre, en cet après-midi de mai ? Avant d'en reconstituer le moment le plus important, envisageons les faits présentant la prétendue victoire de Satan, puisque Satan tua le Pape !

Et pourtant, il ne le tua pas…

En ce jour où les coups tirés par le terroriste se firent entendre place Saint-Pierre, Jean-Paul II aurait dû périr… Tout le monde est unanime sur ce point : criminologues, médecins, le terroriste lui-même. Mais les événements qui advinrent furent des miracles. Extérieurement, ils eurent l'apparence d'un concours de circonstances théoriquement possible, comme il en arrive un cas sur des millions. Il serait plus facile de faire tourner la roue de la fortune douze fois et de décrocher le grand prix à chaque fois, que d'imaginer une succession de faits semblable à celle dont nous fûmes témoins le 13 mai 1981. Une personne non croyante dirait que ceci est impossible et que le salut du Pape prouve seulement que de telles circonstances, dues au hasard et à la chance, peuvent se produire. Mais cette personne ignore que, premièrement, « le christianisme ne connaît pas de hasard [1] » (le Pape le disait souvent après l'attentat) et que, deuxièmement, celui qui croit uniquement en la réalité temporelle n'arrive pas à pénétrer l'aspect surnaturel des choses, ne voit pas ce qui se passe en dehors de la scène, ne comprend pas l'expérience qui marqua à jamais Jean-Paul II et qui lui fit dire :

---

1. Jean-Paul II, *Acte de consécration à Notre Dame de Fatima*, le 13 mai 1991.

« Tu fus toujours une Mère pour moi, et plus particulièrement le 13 mai 1981, lorsque j'ai senti ta présence protectrice auprès de moi... En tout ce qui eut lieu, j'ai vu – et je ne me lasserai pas de le redire – une protection maternelle particulière de Marie [1]. »

Déjà, au moment de l'attentat, le Pape savait qu'il n'allait pas mourir... Ali Agca et ses protecteurs tenaient à réaliser leurs projets ; les désirs de Dieu et de Marie furent différents. Au moment de la confrontation de ces deux puissances, le Ciel remporta une victoire incontestable. Jean-Paul II aurait pu mourir, tandis qu'il vivait !

L'assassin fut étonné de son échec, il interrogea le Pape à ce sujet lorsque celui-ci lui rendit visite dans la prison de Rebibbia, où le terroriste purgeait sa peine de prison à vie. Interloqué, il lui demanda à plusieurs reprises : « Pourquoi n'as-tu pas péri ? J'ai bien visé, pourtant, la balle était sûre, mortelle. Pourquoi n'as-tu donc pas péri ? » Jean-Paul II lui répondit alors : « Il y a la main qui tire et il y a une autre main qui guide la balle [2]. » Il mentionna aussi le grand miracle de Marie, celui qui fut accompli, non par des mains angéliques, mais par ses propres mains immaculées.

---

1. Aura Miguel, *Tajemnica Fatimska a pontyfikat Jana Pawła II (Le mystère de Fatima et le pontificat de Jean-Paul II),* Pallottinum : Ząbki 2002, p. 115 note 193.

2. Entretien de Jean-Paul II avec Ali Agca en prison, le 27 décembre 1983, à voir p.ex. dans : Timothy Tindal Robertson, *Fatima, Rosja i Jan Paweł II. Ku triumfowi Niepokalanego Serca Maryi (Fatima, la Russie et Jean-Paul II. Vers le triomphe du Cœur Immaculé de Marie)*, SPES : Toruń 2002, p. 148, Aura Miguel, Aura Miguel, *Tajemnica Fatimska a pontyfikat Jana Pawła II (Le Mystère de Fatima et le pontificat de Jean-Paul II)*, Pallottinum : Ząbki 2002, p. 115, note 192.

Commençons toutefois par « les miracles angéliques ». Le professeur Gabriel Turowski, ami du Pape, releva donc douze miracles accompagnant l'attentat. Mentionnons les plus importants, liés peut-être à l'action des anges.

Le terroriste était convaincu que le Pape portait un gilet pare-balles. C'est pourquoi il pensa diriger toutes les balles, sauf la première, dans le ventre du Saint-Père. Cette erreur d'Agca sauva la vie du Pape.

Le terroriste turc tira sa première balle en visant le cœur, mais… il manqua son but.

Puis Agca abaissa le pistolet et visa le ventre. La balle, puisqu'elle toucha l'index de la main gauche du Pape, changea légèrement de trajectoire, grâce à quoi elle passa juste à côté de l'aorte. Si cette artère avait été atteinte, le Pape aurait perdu tout son sang en cinq minutes. Il n'aurait eu aucune chance de survivre. On peut dire que Jean-Paul II frôla la mort de quatre millimètres.

Mais il y eut encore autre chose. La balle « dansa » tout au long de sa trajectoire, ce qu'aucune loi physique n'est en mesure d'expliquer [1].

Le doigt d'Agca reposait en continu sur la gâchette ; le pistolet, un browning belge, avait encore sept balles dans le chargeur. Lorsque la deuxième balle, la plus sûrement mortelle, fut tirée, la douille ne s'éjecta pas, enrayant ainsi l'arme infaillible. Comment ceci fut-il possible ?

Le fabricant du pistolet assura qu'un tel cas n'arrive qu'une fois sur mille. Si l'arme avait été parfaite jusqu'au

---

1. Cette expression « danse de la balle » a été utilisée dans les cercles médicaux, en particulier par le professeur Crucitti, un des médecins du Pape, pour décrire de façon imagée ce qui s'est passé (NdÉ).

bout, les sept balles suivantes auraient forcément tué le Pape sur place.

Les tests balistiques révélèrent que trois balles avaient été tirées sur Jean-Paul II et que l'une d'elles ne venait certainement pas de l'endroit où se tenait Ali Agca. Selon certains documents, la troisième balle, qui blessa le Pape à l'épaule, fut tirée par une autre personne, positionnée plus loin. Heureusement, cette balle manqua également son but.

Jean-Paul II, mourant, fut transporté dans une ambulance (toute neuve, bénie par lui-même la veille ; le Saint-Père avait dit en plaisantant qu'il espérait n'avoir jamais à s'en servir). La clinique Gemelli était atteignable par deux trajets. Le choix le plus évident prévoyait une route plus courte et plus rapide ; le choix secondaire consistait en une route un peu moins bonne. Pourquoi l'abbé Dziwisz décida-t-il de prendre la route la moins rapide ? On apprit par la suite que ce choix fut le seul bon, car à cette heure de pointe, à Rome, les embouteillages barraient la route la plus courte ; selon certaines autorités, les embouteillages dans les rues furent provoqués intentionnellement par plusieurs voitures, pour empêcher l'ambulance du Pape d'atteindre rapidement l'hôpital au cas où Jean-Paul II aurait survécu à l'attentat. Effectivement, une arrivée aussi rapide à la clinique s'apparenta à un miracle et permit que le Pape ne se vidât pas de tout son sang.

Ce miracle eut lieu. Le trajet vers l'hôpital fut effectué en sept minutes, en dépit d'une panne, celle du signal lumineux sur le toit de l'ambulance et celle de la sirène. D'habitude, on met au moins vingt-cinq minutes pour faire ce trajet.

À la clinique Gemelli, une équipe du bloc opératoire l'attendait, prête à recevoir un autre patient. On économisa ainsi de précieuses minutes. Déjà, le Pape perdait connaissance ; dans son agonie, il approchait du seuil de la mort.

Ce jour-là, ce fut le docteur Angelo di Marzio qui dirigeait l'équipe au bloc opératoire. Ce jeune chirurgien de grand talent, déjà renommé pour sa main sûre, ouvrit la cavité ventrale du Pape et lui apporta la première aide chirurgicale.

Pendant ce temps, le professeur Francesco Crucitti, chef du service chirurgical à la polyclinique Gemelli, rentrait chez lui en voiture. Il se trouvait à quatre kilomètres de l'hôpital lorsque, comme poussé par une impulsion inexplicable, il alluma la radio et apprit que le Pape mourant était transporté dans son service. Il fit aussitôt demi-tour et se trouva à la clinique en un laps de temps improbable, quelques minutes à peine. Le chirurgien aurait dû rouler à quelques dizaines de kilomètres à l'heure. Dans Rome, en fin d'après-midi, alors que les routes sont bouchées, la rapidité avec laquelle il fut sur place est un réel miracle.

Puis l'organisme du Saint-Père fut attaqué par un virus mortel, le cytomégalovirus, du groupe des herpès. Ce virus disparut le 17 juillet… Ajoutons que ceci eut lieu le jour de la fête de la Mère de Dieu au Scapulaire. La date du miracle et le fait que Jean-Paul II portait un scapulaire marial à son cou dès son enfance ne permettent-ils pas de voir un autre miracle de Marie dans cette guérison médicalement inexplicable ?

Le « temps ralenti » fut toutefois l'élément constitutif le plus important du miracle qui sauva le Pape. Il se produisit à deux reprises, réduisant le temps du trajet de l'ambulance et celui de la voiture du professeur Crucitti. Il en sera encore question dans notre propos.

À quoi avons-nous affaire : à une coïncidence à plusieurs circonstances ou à un miracle ? Il est plus facile de croire au miracle. La victime de l'attentat fut toujours convaincue qu'un miracle avait eu lieu. De plus, Jean-Paul II connaissait l'auteur de ce miracle : celle à qui il s'était consacré sans restriction, Marie. Le Pape en parla plusieurs fois. Il disait que, au moment même de l'attentat, il savait déjà qu'il ne mourrait pas. Étonnante fut cette certitude qu'il portait dans son cœur contre tous les facteurs contraires, contre la logique même. Les coups tirés par le terroriste, il les savait mortels… et pourtant, il fut convaincu qu'il allait survivre. Il put aussi expliquer d'où lui venait cette certitude : au moment de l'attentat, il sentit auprès de lui l'intense protection de sa Mère.

La veille du dixième anniversaire de l'attentat, il compara l'attentat contre sa vie à la passion et à la résurrection du Christ, non pour prétendre à une similitude entre le Christ et lui, mais pour indiquer le parallèle entre le Golgotha et la place Saint-Pierre. La souffrance dont Satan fut la source était présente dans ces deux lieux. La souffrance de Jésus avait un pouvoir salvateur ; la croix du Pape, souffrant en union avec le Christ, avait le pouvoir de changer l'histoire du monde. Dans ces deux lieux, la Sainte Mère fut toute proche. C'est pourquoi Jean-Paul II put dire : « Le 13 mai 1981, le Seigneur Jésus, de façon évidente et dans la personne de son serviteur, a voulu refaire le signe de la croix, sous le regard protecteur de Marie [1]. »

Lors de son premier pèlerinage à Fatima, qui eut lieu le premier anniversaire de l'attentat, le Pape prononça les paroles que nous connaissons déjà :

> « Tu étais depuis toujours une Mère pour moi, et plus particulièrement le 13 mai 1981, lorsque je sentis auprès de moi ta présence protectrice. Dans tout ce qui eut lieu alors, je vis – et ne me lasserai pas de le redire – la présence particulière de Marie [2]. »

Six mois après l'attentat, lors d'une audience générale, revenant sur les évènements du 13 mai, le Pape parla de son expérience mariale de ce jour-là : « J'ai senti alors cette protection maternelle extraordinaire, protection qui s'est avérée plus forte que la balle mortelle. »

Le secrétaire du Pape, l'abbé Dziwisz, parla également de cette expérience. Il la mentionna lors d'une conférence donnée à Lublin en 2006 :

> « Mehmed Ali Agca, tueur professionnel, tira au pistolet, blessant le Saint-Père au ventre, au coude droit et à l'index. La balle a traversé le corps, puis elle est tombée entre le Pape et moi [...]. Aujourd'hui, je peux le dire : c'est alors qu'une puissance invisible s'est présentée pour sauver la vie du Saint-Père, en danger de mort [3]. »

---

1. Jean-Paul II, Homélie à Fatima, 12 mai 1991.
2. Jean-Paul II, Acte de consécration à Notre Dame de Fatima, le 13 mai 1991.
3. Mgr Stanisław Dziwisz, *Dotknąłem tej tajemnicy (J'ai touché à ce mystère)*, Éd. Saint Stanislas, BM de l'Archidiocèse de Cracovie, Kraków 2001 (Discours-témoignage de Mgr Stanislas Dziwisz à l'occasion de la remise du doctorat Doktoratu Honoris à l'Université catholique de Lublin).

Le jour de l'attentat, le Pape sentit la proximité de Marie. Il la sentit intensément, comme s'il avait reçu la grâce d'une apparition mariale, ce qui explique peut-être les paroles qu'il prononça à l'agonie. Les témoins disent que, jusqu'au moment où il perdit connaissance, il répétait : « Marie, ma Mère ! Marie, ma Mère ! Marie, ma Mère ! » On a l'habitude de considérer ses paroles, à juste titre d'ailleurs, comme l'acte de foi qu'il exprimait ainsi, à haute voix, ce qu'il y avait de plus important dans son cœur. On prétend que des mourants ne disent rien qui ne soit sans importance, que, face à la mort, ils se tournent vers ce qui est pour eux l'essentiel. Le subconscient s'éveille en eux et ne ment pas. Si quelqu'un se prend pour un saint et, en danger de mort, jure à haute voix, il est loin de la perfection divine. À l'agonie, Jean-Paul II se trouvait réellement près du Ciel.

Le Pape eut peut-être une autre raison de murmurer ces paroles qui purent être celles d'un entretien avec Marie, celle-ci lui révélant sa présence maternelle. Il semble que le Pape la « vit ». Il sentit sa proximité et lui adressa des paroles de reconnaissance, la remerciant d'être auprès de lui dans cette agonie et de l'assurer qu'il souffrirait, mais qu'il ne mourrait pas.

Jean-Paul II se rendit bien compte qu'il aurait dû mourir et qu'il devait son salut à l'intervention de Marie. À plusieurs occasions, il en rendit témoignage. Il parla à haute voix du grand miracle, accompli ce jour-là par Marie. En voici quelques exemples.

Directement après sa sortie de l'hôpital (le 14 août), le Saint-Père se rendit à la crypte de la basilique Saint-Pierre, où il pria longtemps auprès du tombeau de l'Apôtre, puis visita les tombes de Paul VI et de Jean-Paul Ier. Après cette visite, il dit à ceux qui l'attendaient que, sans le miracle du 13 mai, la tombe du Pape polonais se trouverait désormais auprès de celles de ses prédécesseurs. Et il finit par dire : « Mais le Seigneur en décida autrement ; et la Mère de Dieu eut sa part dans cet *autrement.* »

Le 16 octobre 1991, lorsqu'il se rendit en pèlerinage au Brésil, l'épiscopat brésilien porta un toast à l'occasion du treizième anniversaire du pontificat de Jean-Paul II. Le Saint-Père répondit : « Non, il n'est pas question de parler de treize ans. Nous devrions parler de trois années de pontificat et de dix années de miracle. »

Trois ans plus tard, dans une lettre adressée à l'épiscopat italien, datée du 19 mai 1994, écrite à l'hôpital, d'ailleurs, le Pape mentionna ainsi le jour de l'attentat :

> « Nous nous rappelons tous qu'on a tiré sur le Pape dans l'intention de le tuer [...]. Nous savons tous qu'une main maternelle dévia la trajectoire de la balle et que le Pape, transporté dans un état critique à la clinique, s'est trouvé au seuil de la mort [...]. La balle place Saint-Pierre allait tuer le Pape, il y a treize ans déjà. Cependant, la balle mortelle s'est arrêtée et le Pape vit – il vit pour servir [1] ! »

---

1. Jean-Paul II, List do episkopatu włoskiego, 19 mai 1994 r., w : Aura Miguel, *Tajemnica Fatimska a pontyfikat Jana Pawła II II (Le Mystère de Fatima et le pontificat de Jean-Paul II)*, Pallottinum : Ząbki 2002, s. 115-116 p. 193.

Ajoutons qu'après l'attentat manqué contre sa vie, le Pape souligna la présence de Marie au Vatican d'une autre façon encore. En haut d'un des murs du Palais Apostolique, il fit placer une représentation de Marie Mère de l'Église. Cette mosaïque aux couleurs variées, avec, en bas, l'inscription « *Totus Tuus Mater Ecclesiae* », commémore le salut du Saint-Père et rappelle à ceux qui entrent place Saint-Pierre que Marie, « Mère du Salut », est présente au cœur de l'Église.

En décembre 1981, Jean-Paul II attira l'attention des fidèles sur cet élément nouveau au Vatican, désignant la présence de Marie dans la vie de tout être humain, comme dans la sienne, le jour de l'attentat et aujourd'hui. Il dit :

> « Dans l'agencement de cette belle place, une représentation manquait, pour rappeler, aussi de façon visible, la présence de celle que "l'Église catholique [...] chérit d'un sentiment filial et qu'elle vénère en tant que Mère la plus chère" [1]. »

Il ne faut pas oublier que l'attentat contre Jean-Paul II, le 13 mai 1981, ne fut pas la seule tentative pour tuer le Pape. Il y en eut d'autres, dont la première eut lieu précisément un an après l'attentat exécuté par le terroriste turc. Jean-Paul II était aussi en danger de mort dans le sanctuaire de Fatima, où il fut attaqué avec un couteau.

À ce que l'on dit, un attentat fut également organisé en août 1991 lors de la Journée Mondiale des Jeunes

---

1. Jean-Paul II, *L'Angélus*, le Vatican, le 8 décembre 1981, dans : Jean-Paul II. *Teksty o Matce Bożej 1978-1998. « Anioł Pańsk » (Textes sur la Mère de Dieux 1978-1998. L'Angélus)*, Les prêtres Marianistes, Warszawa 1999, p. 40.

à Jasna Góra. Une inspiration soudaine incita l'un des religieux à demander aux pères paulins de fouiller l'entourage de l'autel avant l'inauguration de la cérémonie. Les religieux, effrayés, virent que, sous le tapis descendant jusqu'au niveau de la place devant Jasna Góra, entre les poteaux en bois soutenant l'énorme plate-forme prévue pour le Saint-Père et les prêtres concélébrants, quelqu'un avait placé une botte de paille, imbibée d'un liquide inflammable. La tâche aurait été facile à réaliser si les incendiaires qui prévoyaient d'allumer le brasier se cachaient parmi les garçons marchant en procession avec des torches. Le Pape n'aurait pas été le seul à périr sous les yeux des centaines de milliers de personnes. Quelqu'un s'était proposé de faire une torche vivante des milliers de prêtres présents à la cérémonie !

On peut se demander si cette inspiration du religieux qui provoqua des recherches autour de l'autel fut également un miracle de Marie... Nous ne le savons pas, mais celui qui choisit la capitale de la Sainte Vierge pour lieu de l'attentat fit une énorme erreur. L'attentat ne pouvait pas aboutir dans un tel endroit, où Marie veillait sur son fils avec d'autant plus d'attention !

Le temps ralenti

La deuxième balle, tirée du pistolet d'Ali Agca, était porteuse de la mort. Mais avant de s'enfoncer dans la cavité ventrale du Saint-Père, elle frôla l'index de sa main gauche, ce qui modifia très légèrement sa trajectoire. Ainsi, la balle, allant infailliblement vers l'aorte, l'effleura en quelque sorte de sa chaleur, sans la percer toutefois. Si elle l'avait endommagée, le Pape aurait perdu tout son sang en quelques minutes. Mais la balle passa à côté… De plus, quelques instants plus tard, elle manqua son but encore une fois : elle passa à côté de la colonne vertébrale, sans atteindre le plexus nerveux.

> « Si l'aorte avait été endommagée, les organes dans la cavité auraient été exsangues en cinq minutes. Il n'y aurait eu aucune chance de sauver la vie du Pape. Cependant, la balle endommagea les organes de la cavité ventrale et provoqua des blessures dans l'œsophage, traversa le corps et sortit à l'extérieur tout près de la colonne vertébrale, sans endommager le plexus nerveux. C'est pourquoi le Pape ne fut pas paralysé [1]. »

Ces paroles furent prononcées par le professeur Gabriel Turowski, immunologiste de Cracovie, membre d'une équipe de six spécialistes qui soignèrent le Pape.

Ce fut un miracle. Est-ce que le Ciel se servit uniquement des coïncidences terrestres ? Dieu aime bien s'en servir dans ses actions. Oui, la Sainte Vierge se servit du fait que la balle frôla la main du Pape, mais ce ne fut qu'une première correction de la trajectoire de la balle mortelle. Car ce changement minimal de la trajectoire n'aurait cependant pas suffi à sauver la vie de Jean-Paul II.

Il fallut un autre miracle, extrêmement rare – « le miracle direct ». Nous pouvons le désigner aussi comme un « ralentissement du temps » ; une autre formule l'appelle

---

1. Gabriel Turowski, *Zamach. 20 lat temu na Placu św. Piotra dokonano strasznego czynu, który wstrząsnął światem, ale zło w dobro się obróciło (L'attentat. Il y a 20 ans, un acte atroce a été accompli place Saint-Pierre, mais le mal s'est transformé en bien)*, Biały Kruk, Kraków 2001, p. 20.

la « danse de la balle ». Les deux formules sont justes et s'expliquent réciproquement.

La deuxième balle tirée par Ali Agca avait un seul but : dévaster au maximum la cavité ventrale et provoquer une mort rapide, due aux hémorragies internes. La balle portait la mort, réellement. En moins d'un millième de seconde, elle reposait déjà au fond de la jeep du Pape. Elle s'était acquittée de sa tâche.

Mais, dans ce laps de temps extrêmement bref, les événements se précipitèrent. Ce fut l'instant où le plus grand miracle s'accomplit. Nous pouvons lever un peu ce voile mystérieux qui concerne le salut du Pape. Ce fut Marie, présente alors auprès de Jean-Paul II, qui accomplit ce miracle direct. Pour le comprendre, il faut développer une brève réflexion.

Il existe quelques apparitions dont le message concerne la personne de Jean-Paul II. Il s'agit avant tout des apparitions de Fatima, de leurs liens avec le Saint-Siège, du secret révélé aux enfants en juillet 1917 et de la lumière accordée à Jacinthe qui vit les souffrances du Pape dans ses visions.

Les apparitions à Betania, au Venezuela, qui commencèrent en 1976, furent reconnues par l'Église. Une vision antérieure, concernant l'attentat contre Jean-Paul II, ainsi que les paroles de la Sainte Vierge concernant le Pape polonais, grand prophète donné pour notre temps, sont inscrites dans ces apparitions.

Rappelons ce qui s'est passé à Betania. Le 12 mai 1981, la voyante Maria Esperanza Medrano pressentit qu'un attentat contre le Saint-Père allait avoir lieu le lendemain : « J'ai passé toute la nuit à prier. J'étais désespérée au point de crier : *Seigneur, comment est-ce possible ? Comment peut-on s'attaquer à cette vie, Seigneur ?* » Durant trois mois d'affilée, Esperanza ressentit des douleurs aigües dans la cavité ventrale. Elle souffrait en union avec le Pape.

Ensuite, à chaque fois qu'elle parla en public, Maria Esperanza demanda à ses auditeurs de prier pour Jean-Paul II et d'offrir leurs souffrances pour lui. Le 18 septembre 1993, à Lowell (États-Unis), elle dit par exemple ceci :

> « Je voudrais vous confier quelque chose de très important pour moi, qui est aussi très important pour vous. Priez pour notre Saint-Père Jean-Paul II. Prions pour sa santé, que le Seigneur continue à prolonger sa vie. Nous avons besoin de lui plus que jamais… Jésus dit : *Je viendrai à vous, mais peu nombreux seront ceux qui me reconnaîtront. Je continuerai à venir, je viendrai à vous sans cesse, je me servirai de mes âmes à moi, des gens qui marchent derrière moi et qui savent bien ce que c'est que la vraie évangélisation* [1]. »

Pour Maria Esperanza, Jean-Paul II était cet instrument choisi de Dieu. Elle ne voulait pas qu'il nous quittât trop vite.

Nous savons que Dieu accepta son sacrifice personnel, offert pour prolonger la vie de Jean-Paul II. Dans les années quatre-vingt-dix, la voyante commença à souffrir d'une maladie mystérieuse et non diagnostiquée, ressemblant fort à la maladie de Parkinson dont le Saint-Père

---

1. Wincenty Łaszewski, *Świat Maryjnych objawień. Duchowy przewodnik po objawieniach Matki Bożej (Univers des apparitions mariales. Guide spirituel à travers les apparitions de la Mère de Dieu).* Tom I. Fons Omnis, Góra Kalwaria 2007, p. 165.

fut atteint. Les témoins dirent que lorsque sa maladie s'intensifiait, le Pape se sentait mieux… Lorsque Maria Esperanza partit pour le Ciel en juillet 2004, il ne restait plus au Saint-Père que huit mois à vivre…

La célèbre vision de Léon XIII concernait également Jean-Paul II. Dieu révéla à Léon XIII que cent ans de règne de Satan prendraient fin en 1984, lorsque l'un des successeurs de Léon XIII aurait consacré le monde au Cœur Immaculé de Marie.

Il y eut enfin l'apparition de Quito, dans l'Équateur du XVIIe siècle, qui, en grande partie, concernait le XXe siècle et qui, en plus de son contenu, fut enrichie d'une illustration de l'attentat du 13 mai 1981. À la lumière de l'apparition de Quito, l'attentat contre le Saint-Père revêtit une dimension nouvelle : il devint un signe eschatologique, expliquant, comme en passant, pourquoi Jean-Paul II fut « exécuté » et ne mourut pas.

La voyante de Quito était une religieuse, Marianne de Jésus Torres y Berriochoa, qui ne fut mentionnée dans les annales de l'histoire qu'à la fin du XXe siècle. C'est pourquoi l'apparition qu'elle avait reçue resta cachée durant plus de trois cents ans. C'est seulement les générations contemporaines qui purent prendre connaissance des paroles prononcées par la Mère de Dieu en 1634 :

> « Lorsqu'il semblera que la victoire du mal soit inévitable, ce sera pour vous le signe que mon heure est venue et alors, je chasserai Satan du trône, imbu d'orgueil et damné à jamais, le meurtrissant de mon pied et l'enchaînant dans les abîmes de l'enfer [1]. »

---

1. Wincenty Łaszewski, *Ibid.* Tom II. Fons Omnis : Góra Kalwaria 2007, p. 50.

Ce schéma apocalyptique, confirmé par le miracle du salut du Pape, se présente de la façon suivante : tout d'abord, Satan clame sa victoire. Tout semble perdu, les justes souffrent et meurent, l'Église est vaincue, la foi reléguée aux catacombes. Un clin d'œil sépare le monde de la victoire définitive des forces du mal. Satan commence déjà à jouer son hymne victorieux, les premiers tons du chant triomphal de Lucifer se font entendre dans le monde... Puis, sans qu'on s'y attende, la mélodie est interrompue, un autre chant prend la place de celui prévu par la partition du Malin. Une hymne magnifique à la gloire de l'Immaculée descend du ciel. Une mer de grâces submerge le monde, inondant le mal. Les diables se sauvent, il ne reste que des gens aux yeux fixés vers le Ciel...

Tel semble être le schéma de notre salut. C'est pourquoi le Saint-Père exhortait jusqu'au bout à ne pas perdre espoir. Même si le soleil disparaissait, nous devrions faire confiance au plan de salut prévu par Dieu... Même quand toutes les structures de ce monde auraient été envahies par les suppôts de Satan, quand tout espoir humain nous aurait été enlevé, quand l'Église persécutée aurait été reléguée aux catacombes et quand la foi en Dieu serait considérée comme le crime le plus grave, quand le Décalogue de Dieu aurait été remplacé par celui de Satan, quand toutes les lumières se seraient éteintes, le Ciel aurait encore beaucoup de temps pour changer ce scénario de ténèbre. Dieu aurait le dernier mot.

Même quand l'histoire serait cadenassée pour les hommes, le Ciel aurait encore beaucoup de temps... Le miracle de la place Saint-Pierre l'illustre fort bien.

Rappelons encore une fois le troisième secret de Fatima, où il est question d'un « évêque en blanc », tué par une balle et par des flèches. Rappelons aussi que Jean-Paul II n'eut aucun doute pour associer cette vision d'un « évêque en blanc » à l'attentat de mai 1981. Sœur Lucie en fut également convaincue, de même que les cardinaux Bertone et Ratzinger.

Selon certains, le troisième secret, non seulement parle de l'attentat contre le Pape, mais, en outre, identifie l'assassin et la manière de tuer le Pape. Les balles allaient être tirées par un terroriste se servant « des flèches d'un arc ». Qui est l'assassin ? C'est un descendant des guerriers turcs qui, à plusieurs reprises, avaient essayé de conquérir l'Europe et de détruire la chrétienté. L'arc était leur arme traditionnelle. C'est donc un Turc qui allait être ce terroriste. Puis les terroristes turcs deviendraient plus nombreux.

Aujourd'hui, nous savons qu'il en fut ainsi. Le Turc Ali Agca n'était pas seul.

Conformément à la troisième partie du secret de Fatima, Jean-Paul II devait mourir ; la sentence de mort fut mise en oeuvre et le Pape « fut exécuté ». Mais, comme le Pape le dit lui-même, la Mère très Sainte l'empêcha de franchir le seuil de la mort. L'histoire révélée par le secret de Fatima fut changée. Bien que le passage caractérisant la mort du Pape n'en dise rien, la vision ouvrant la troisième partie du secret de Fatima présente un tel schéma. La sentence de mort y fut également exécutée…

> « À gauche de Notre Dame, un peu plus haut, nous avons vu un Ange tenant dans sa main une épée flamboyante : toute recouverte d'étincelles, elle crachait des langues de

feu qui semblaient prêtes à mettre le feu au monde entier ; elles s'éteignaient pourtant au contact de la lumière rayonnant de la main droite de Notre Dame. De sa main droite, l'Ange désigna la terre et dit d'une voix forte : "Pénitence, Pénitence, Pénitence !" [1]. »

Ainsi, l'Ange à l'épée flamboyante fit tomber sur la terre des étincelles qui allaient mettre le feu au monde. Elles tombèrent même déjà sur la terre ! Et pourtant, le monde ne fut pas anéanti. Il existe toujours. Il existe grâce à l'intervention de la Mère très Sainte qui étendit le bras et éteignit le feu tombant sur la terre. Le monde fut détruit, mais il continue à vivre. C'est ce qui eut lieu également place du Vatican, le jour de la commémoration de Notre Dame de Fatima, en 1981.

Ce fut un miracle qui révéla le message eschatologique. Ce message exprime un triomphe humainement impossible et pourtant réel. Ce miracle est un signe qui désigne d'autres événements et permet de les comprendre à la lumière divine. Il nous fait savoir que Satan ne vaincra jamais, qu'il n'aura jamais le dernier mot. Même si toute l'histoire humaine est déjà une histoire passée, la Sainte Vierge aura assez de temps pour tout changer.

Une fraction de seconde suffit à Marie pour emporter la victoire sur Satan. D'abord, la balle jaillit du pistolet d'Ali Agca, puis elle tomba au fond de la jeep papale. Le temps entre les deux mouvements fut tellement court qu'aucun instrument de mesure ne saurait l'enregistrer. Ce fut un exemple du « temps ralenti ». Car Marie eut

---

1. Congrégation pour la Doctrine de la Foi, *Orędzie fatimskie (Message de Fatima)*, Pallotinum, Poznań 2000, p. 21.

assez de temps pour engager la balle mortelle dans une sorte de danse, lui faisant ainsi éviter les organes vitaux du Pape. Par la suite, la balle tomba, inutile, au pied de l'abbé Dziwisz. Et celui qui aurait dû mourir survécut.

C'est le professeur Francesco Crucitti qui parla de la « danse de la balle ». Après l'opération, partageant sa réflexion avec les autres, il apporta son témoignage sur l'intervention directe du Ciel :

> « J'ai remarqué quelque chose d'invraisemblable. La balle sembla traverser l'estomac en zigzags, sans toucher aux organes vitaux. Elle évita également l'aorte. Si elle l'avait touchée, le Saint-Père aurait perdu tout son sang avant d'arriver à l'hôpital. Elle évita également la colonne vertébrale. On eût dit que la balle était dirigée par quelqu'un, de manière à ne pas provoquer de dégâts irréversibles [1]. »

Nous savons qui dirigeait cette balle. Ce fut comme la « deuxième danse » de Fatima que nous connaissons dans l'histoire contemporaine. En effet, le 13 octobre 1917, sur l'ordre de Marie, le soleil s'était mis à danser dans le ciel pour la première fois. Et ce miracle se répéta ; il accompagna par la suite de nombreuses apparitions de la Sainte Vierge après Fatima ; même actuellement, ce miracle a parfois lieu dans des endroits où Marie est présente de façon particulière, par exemple au sanctuaire de Kibeho, au Rwanda. Le pape Pie XII le vit aussi dans les jardins du Vatican, à la veille de la proclamation du dogme sur l'Assomption de la Mère de Dieu, en août 1950.

---

1. Timothy Tindal-Robertson, *Fatima, Rosja i Jan Paweł II. Ku triumfowi Niepokalanego Serca Maryi, (Fatima, la Russie et Jean-Paul II. Vers le triomphe du Cœur Immaculé de Marie)*, Warszawa 2002, p. 98.

Ce grand miracle, « la danse de la balle », accompli en un temps si restreint place Saint-Pierre, semble lui aussi se répéter. Nous avons le droit de le penser à plus forte raison parce que, comme l'histoire des apparitions mariales le prouve, le changement de la trajectoire de la balle, place du Vatican, ne fut pas la première intervention de cette sorte qu'accomplit Marie dans l'histoire des hommes. Un miracle semblable eut lieu en 1976, cinq ans avant l'attentat contre le Pape.

En 1976, lors de l'attaque contre des villages chrétiens au Liban, des phénomènes extraordinaires dans le ciel eurent souvent lieu. Dans la plupart des cas, c'était un arc-en-ciel, en haut duquel Marie, en majesté, se tenait. Des événements extraordinaires s'y produisirent également, comme celui décrit par Elias Zoghba, archevêque catholique de rite gréco-melchite à Baalbek, appelé par les autochtones « l'évêque des musulmans » :

> « Je voudrais mettre par écrit un événement miraculeux. Les musulmans, après avoir pris d'assaut la caserne de Baalbek, en janvier 1976, avec l'aide des militants palestiniens, emportèrent toutes les armes, lourdes et légères. Le lendemain, ils positionnèrent un lourd canon au-dessus d'un grand village maronite, Deir el Ahmar. J'y étais alors et j'y passai la nuit. On lança sur le village plus de cent-cinquante obus, dont chacun pesait environ quarante kilos. C'était certainement une opération dirigée par des spécialistes, et ces obus furent lancés avec adresse. Cependant, aucun des habitants qui y vivaient, ils étaient alors plus de huit mille, ne fut blessé. Nous avons passé cette nuit atroce en prière. Le lendemain matin, les bombardements reprirent, sans effet. Les chrétiens des villages avoisinants furent convaincus que Deir el Ahmar était en ruines et pourtant, quelques murs seulement furent endommagés. Un moine maronite, le

père Boutras Mounsef, connu dans cette région pour sa vie de saint et son esprit prophétique, passa cette nuit dans le village voisin de Deir el Ahmat et vit les obus tombant dessus. Le matin, il célébra la messe et partit à pied pour Deir el Ahmar. Par la suite, il me raconta lui-même ce qui lui était arrivé en cours de route. Alors qu'il marchait vers le village bombardé, il rencontra une femme toute vêtue de noir. Il la salua et lui demanda où elle allait si tôt. "Je vais à Deir el Ahmar, répondit-elle. Et vous, mon père, où allez-vous ?" "Je vais également à Deir el Ahmar", répondit-il.
Comme ce moine connaissait tous les habitants des environs, il se demandait qui était cette femme. "Qui es-tu ? la questionna-t-il. – Tu es bien curieux, mais sache que je suis la Vierge Marie." Le père s'inclina à ses pieds et vit qu'elle avait les mains et les manches très sales. "Pourquoi as-tu les mains et les manches aussi sales ?" demanda-t-il encore. Elle répondit : "J'ai beaucoup peiné pour écarter le feu qui est tombé cette nuit sur Deir el Ahmar, et maintenant, je vais encore protéger le village contre les obus qui seront de nouveau lancés dans la matinée. Dis aux habitants que personne ne sera atteint et que la paix y sera rétablie au bout de trois jours." Puis la Sainte Vierge disparut.
Tout se déroula selon ses paroles. Personne ne souffrit des bombes, personne ne fut blessé et, au bout de trois jours, une trêve fut établie au Liban, qui dura un temps certain [1]. »

Ainsi, cinq ans avant l'attentat contre le Pape, ce témoignage atteste que Marie changea la trajectoire d'obus tombant sur un village chrétien.

---

1. Wincenty Łaszewski, *Świat Maryjnych objawień. Duchowy przewodnik po objawieniach Matki Bożej (Univers des apparitions mariales. Guide spirituel à travers les apparitions de la Mère de Dieu).* Tom II. Fons Omnis : Góra Kalwaria 2007, 139-140.

Il est bon de s'en souvenir et d'affronter les défis de notre époque avec confiance. Le 13 mai 1981, jour de Fatima, un paradoxe digne d'attention se révéla à travers l'attentat. Un acte de haine, qui fut comme l'expression du rejet de Dieu, du reniement de Dieu, devint le signe visible de la puissance de Marie, grâce à son intervention. L'acte, effrayant par l'impiété de ses intentions, s'avéra non seulement sans efficacité, mais incita le Pape à confier l'humanité à la Mère de Dieu, ce qui changea la face de la terre, inaugurant des changements extraordinaires en Europe et dans le monde. Cet acte se retourna finalement contre les auteurs de l'attentat et, dix ans plus tard, libéra l'Église des persécutions qu'ils poursuivaient contre elle.

L'événement providentiel qui, à ce moment-là, unit Jean-Paul II à Notre Dame de Fatima reste un mystère dans son essence. Ce mystère nous fut donné pour que nous essayions de le pénétrer, comme le Pape lui-même le fit. Nous devons apprendre comment Dieu nous parle à travers les « signes des temps », pour que « tout devienne plus transparent et limpide », pour que la voix divine « soit plus facilement audible et compréhensible ».

Il en est de même face aux grandes menaces qui – comme le Pape nous en avertissait – mettent en question l'existence même du monde.

L'attentat contre Jean-Paul II montre comment agit la Sainte Vierge. Sa façon de « ralentir le temps », le temps où les miracles de Dieu s'inscrivent, semble d'une logique évidente. Cette hypothèse fut confirmée par au moins deux autres miracles concernant l'attentat.

Le premier fut le temps du trajet fait par l'ambulance vers l'hôpital. Rappelons que normalement, ce trajet se fait en vingt-cinq minutes au moins, tandis que le Pape blessé y fut conduit en sept minutes. N'est-ce pas une excellente illustration de ce « ralentissement du temps » ?

Le deuxième miracle concerne le voyage du professeur Crucitti à la clinique. Quelques minutes à peine s'écoulèrent entre le moment où il fut informé de l'attentat et celui où il se gara devant l'entrée de l'hôpital. N'est-ce pas un autre exemple du « ralentissement du temps », prouvant que les événements choisis par Dieu se déroulent plus rapidement que dans le temps réel ?

La « danse de la balle », non seulement sauva la vie du Pape, mais lui donna aussi une vie nouvelle. Jean-Paul II naquit de nouveau.

La découverte de Fatima

Jean-Paul II savait dès le début que lors de l'attentat place Saint-Pierre, les forces du mal étaient à l'œuvre. Il était conscient aussi de la présence du Ciel dans toute sa puissance. Il savait que deux forces ennemies s'affrontaient en lui : Lucifer, celui qui provoqua cet affrontement, et la Mère de Dieu. Il était certain également qu'un miracle se produirait lors de cette rencontre : ce miracle est signalé dès les premières pages de la Bible ! Le schéma inscrit dans la Genèse montre clairement que la puissance céleste sera mortellement blessée, mais qu'elle ne périra pas. C'est le diable, auteur de tout mal, qui sera vaincu. Jean-Paul II savait que Marie triomphante se tenait à côté de lui.

Ce que le Pape blessé ne savait pas, c'est que la Mère

de Dieu voulait lui indiquer le contenu d'une de ses apparitions, que le Saint-Père allait appeler plus tard le « message du siècle », parce qu'il reprend l'appel à la conversion et à la pénitence que l'on trouve dans l'Évangile. Il ne comprit pas tout de suite que la Sainte Vierge cherchait à attirer son attention sur Fatima.

Il reconnut lui-même qu'avant l'attentat, il était assez ignorant au sujet de Fatima. « Me familiarisant avec la vie de l'Église universelle, j'en savais très peu sur Fatima », dit-il dans une interview mentionnée par la suite dans le livre *Entrez dans l'espérance*. Très peu, qu'est-ce que cela voulait dire ? Impossible qu'il ne sût pas que sa nation avait été consacrée au Cœur Immaculé de Marie en 1946. Impossible aussi qu'il ne remarquât pas certains éléments propres aux messages de Fatima, cachés dans les actes de la consécration de la nation à la Sainte Vierge, préparés par le primat Wyszynski. Il devait également être au courant de l'apostolat polonais de Fatima : du pèlerinage de l'image de Notre Dame de Fatima, qui avait commencé dans un sanctuaire de Zakopane, ville appartenant à son archidiocèse, et qui avait duré plusieurs années ; il avait bien dû remarquer les fruits de ce pèlerinage, car ils étaient visibles. Il savait également que les communistes avaient peur du message de Fatima, car ils n'ont jamais autorisé que soit imprimée la moindre image représentant la Vierge de Fatima ! Il savait que la censure barrait le mot « Fatima » de chaque publication. Et pourtant, il prétendait en savoir peu sur le message le plus important du XXe siècle !

Tout ceci montre cependant qu'en effet, il en savait « très peu » avant l'attentat contre sa vie et qu'après l'attentat, en juillet 1981, il prit connaissance de toute la documentation qui concernait les événements de Fatima. Reçut-il alors une grâce particulière, comme celle qui, quarante ans plus tôt, accompagna sa lecture du *Traité de la vraie Dévotion* ? De nouveau, vit-il davantage dans cette lecture que les autres lecteurs ? Eut-il encore accès aux contenus non verbaux qui s'y dissimulaient ? Fut-il l'objet d'un autre miracle de Marie ? Nous pouvons avancer cette hypothèse, car, après la lecture des *Documents*, Jean-Paul II en savait déjà plus que bien d'autres et comprit tout si clairement qu'il pouvait parler des événements futurs comme s'ils constituaient une certitude, comme s'ils avaient déjà eu lieu ! Cette *Documentation* devint la source des contenus prophétiques prononcés par Jean-Paul II : sur le printemps du christianisme, sur la civilisation de l'amour qui se substituera à la culture de mort, sur les temps meilleurs se profilant à l'horizon. Le Pape n'espérait pas que ceux-ci viendraient, il en était persuadé. La lecture de la *Documentation* de Fatima lui communiqua cette certitude. Après avoir fini de la lire, il dit seulement une parole : « J'ai compris. »

Avant la découverte de l'été 1981, le message de Fatima était pour le Saint-Père relativement peu significatif par rapport à la grande vision du cardinal Wyszynski. Si, le jour de l'attentat, il avait eu à désigner son sauveur, il aurait désigné la Sainte Vierge de Jasna Góra, probablement…

C'était bien sûr la même Vierge Marie, mais les signes accompagnant l'attentat allaient montrer au Pape qu'une importance particulière était donnée au message de Fatima. D'ailleurs, il n'y avait là aucune contradiction, car l'acte de la consécration de toute la nation au Cœur Immaculé de Marie eut lieu à Jasna Góra. Et les premiers offices à Notre Dame de Fatima eurent lieu devant l'Icône Miraculeuse de la Vierge de Czestochowa !

Jean-Paul II sut se tourner vers Fatima, sans cependant oublier la Reine de Jasna Góra ! Grâce à sa foi, il put voir comment les événements prévus par la Providence divine coïncident avec les dates concrètes, attribuant à certains jours un sens particulier et plus profond. Dieu lui révéla tout un enchevêtrement de dates et d'événements, lui désignant ainsi les messages dont ils étaient porteurs. Comme si, pendant un instant, Il lui révélait les desseins cachés de la Providence.

Ce fut l'expérience que le Pape vécut lors de la lecture des *Documents*.

Jean-Paul II ne comprit pas immédiatement que les événements du 13 mai 1981 devaient attirer son attention vers Fatima et qu'ils seraient une nouvelle « révélation de Fatima ». Ses yeux ne se tournèrent de ce côté qu'à la mi-juillet, lorsque le professeur Turowski, son ami de Cracovie, découvrit par lui-même cette coïncidence des dates : celle du premier attentat contre un pape dans l'histoire et celle de la première apparition de Marie à Fatima. Tout concordait. Cette découverte « polonaise », faite dans la soirée, fut connue du Pape le lendemain matin. Aussitôt, le Pape demanda à l'évêque Hnilica, domicilié à Rome, de lui envoyer tous les documents concernant Fatima et les apparitions de la Mère de Dieu. « Je les lui ai apportés, dit l'évêque slovaque. Certains textes étaient des originaux. Il lit tout, dans le plus grand recueillement. »

Parmi ces documents, deux enveloppes, une jaune et une bleue, parvinrent au Pape : le texte original et la traduction du troisième secret de Fatima. Le Pape lut lentement, priant et méditant sur chaque mot. Il dit plus tard :

> « Pendant ces trois mois où j'étais entre la vie et la mort, c'est alors que je compris que la seule chance de sauver le monde des guerres et des catastrophes, de l'athéisme aussi, c'est la conversion de la Russie, conformément au message de Fatima. »

Jean-Paul II lut le message de Fatima comme s'il lui était personnellement adressé. Un grand changement s'opéra alors dans ses interventions. Soudain, il se mit à parler de ce qui se trouvait au centre du message de Fatima. Il suffit de considérer de près son enseignement marial pour y voir une évidente rupture, marquée par la date de l'attentat. À partir de l'été 1981, le Saint-Père se mit à enseigner que « Dieu nous accorde des grâces par le Cœur Immaculé de Marie » !

Mentionnons ici un exemple, le plus fort à ce qu'il paraît. Dans une partie du testament du Pape, celle écrite en 1982, le titre « l'Immaculée » apparaît pour la première fois. Le Pape écrivit : « Dans la vie et dans la mort, *Totus Tuus* par l'Immaculée [1]. » C'est une belle formule dans laquelle on retrouve les traces de la spiritualité de saint Maximilien Kolbe et où l'on aperçoit avant tout un

---

1. Voir *Testament* de Jean-Paul II, que le Saint-Père a commencé à écrire lors d'une retraite le 6 mars 1979 et qu'il a achevé le 17 mars 2000. Il est caractéristique que depuis l'été 1981, donc après l'attentat, le Pape s'est mis à écrire sur le Cœur Immaculé.

élément de Fatima, découverte faite un an plus tôt. Il est indéniable que Marie Immaculée du testament papal est bien Notre Dame de Fatima !

Toute la vie de Jean-Paul II fut consacrée entre les mains de sa Mère. Mais, après l'attentat, le Pape se mit à vénérer Marie davantage dans son mystère de l'Immaculée. Une autre phrase du testament le confirme :

> « Je me trouve entièrement entre les mains de Dieu et je reste à la disposition de mon Seigneur, me confiant à Lui par sa Mère Immaculée (*Totus Tuus*) [1]. »

Jean-Paul II se mit à considérer l'attentat comme un signe qui devait attirer son attention vers le message de Fatima. Il comprit que sa vie avait été prolongée pour qu'il pût accomplir ce que la Sainte Vierge avait confié au pape à Fatima. De plus, il fut convaincu d'avoir été choisi comme successeur de Jean-Paul Ier dans ce but : selon les desseins de la Providence divine, il allait être « le Pape de Fatima ». Voici un passage du livre *Entrez dans l'espérance* :

> « C'est peut-être pour cela que ce Pape fut appelé d'un pays lointain, c'est peut-être pour cela que l'attentat place Saint-Pierre devait avoir lieu justement le 13 mai 1981, pour que tout se fasse plus clair et plus compréhensible, pour que la voix de Dieu parlant à travers l'histoire humaine dans les "signes du temps" soit plus facilement audible [2] ? »

---

1. Note dans le *Testament,* le 5 mars 1982.

2. Jean-Paul II, *Przekroczyć próg nadziei* (*Entrez dans l'espérance,* Plon 1994), sous la rédaction des Éditions de l'Université Catholique de Lublin, Lublin 1994, p. 108.

Aujourd'hui, nous l'appelons Jean-Paul II le Grand. Un jour, il sera peut-être désigné comme Jean-Paul II de Fatima ? Et ce serait le titre le plus honorable qu'il puisse recevoir.

Jean-Paul II découvrit Fatima et, à cette occasion, il découvrit tout ce qui avait construit sa spiritualité mariale dans son enfance. Dans le message de la Cova da Iria, on retrouve saint Louis-Marie avec son idée de la confiance absolue en la Sainte Vierge, on y retrouve le Rosaire, la pénitence, l'Eucharistie. On y retrouve même la dévotion du premier samedi du mois. Et pourtant, c'est un message différent.

Jean-Paul II lut les documents avec autant plus d'attention qu'il put voir un chemin s'ouvrir devant lui… Il comprit que seule la dévotion au Cœur Immaculé de la Sainte Vierge était la voie vers la conversion de la Russie, vers la paix et la victoire du Cœur Immaculé de Marie. Il comprit aussi que cette dévotion pouvait nous rapprocher de Fatima à deux conditions : si elle est comprise comme une réparation et si elle est accomplie de deux manières : par l'acte de la consécration totale au Cœur Immaculé de Marie et par la dévotion du premier samedi du mois.

Jean-Paul II eut donc deux objectifs à réaliser dans son service apostolique. Tandis qu'une nouvelle dimension apparaissait dans sa vie intérieure, qui allait changer sa vie et même déterminer sa façon de mourir…

Jean-Paul II vit alors l'Église et le monde dans une nouvelle perspective. Il observa clairement toutes les menaces et comprit d'où pouvait venir le salut. Le 8 décembre de l'année de l'attentat, il dit :

« Les signes des temps signalent que nous nous trouvons dans l'orbite d'un grand combat entre le bien et le mal, entre la confirmation et la négation de Dieu, de sa présence dans le monde et du salut qui a en Lui son début et sa fin [...]. Ces signes désignent la Femme, que nous devons accompagner en franchissant le seuil du siècle et du millénaire passés. C'est avec elle que nous devrions faire face à tous ces combats, si nombreux à notre époque [1]. »

Le salut, c'est Marie de Fatima. N'est-ce pas elle qu'il désignait, lorsqu'il disait dans son acte de consécration :

« Ô cœur Immaculé ! Aide-nous à surmonter la terreur du mal, qui s'enracine si facilement dans les cœurs des hommes contemporains – du mal qui, dans ses conséquences non mesurables, pèse déjà au-dessus de notre époque contemporaine et semble barrer les chemins vers l'avenir [2] ! »

Jean-Paul II s'engagea dans la voie désignée par le Ciel. Le Pape voulait que toute l'Église « devienne Fatima » – lieu de la révélation de Dieu, lieu de la victoire du Cœur Immaculé de Marie. Il portait dans son cœur le même désir que celui de sœur Lucie, les dernières années de sa vie. La voyante expliquait qu'actuellement, « le peuple est avide de Dieu, déçu et fatigué des tromperies et de l'empressement d'un monde de nouveau païen, matérialiste, égoïste et agressif, sans but

---

1. Jean-Paul II, le 8 décembre 1981.

2. Jean-Paul II, Acte de consécration au Cœur Immaculé de Marie, le 25 mars 1984 à Rome, dans : Timothy Tindal-Robertson, *Fatima, Rosja i Jan Paweł II. Ku triumfowi Niepokalanego Serca Maryi (Fatima, la Russie et Jean-Paul II. Vers le triomphe du Cœur Immaculé de Marie)*, Warszawa 2002, p. 172.

et sans guide qui pourrait l'accompagner jusqu'au port du salut, jusqu'à la source d'eau vive... » Elle trouvait que les gens avaient besoin de Fatima et, qui plus est, rêvait que la terre entière devienne un lieu d'apparitions de Fatima, cet « endroit sauvage » que « Dieu transforma en terre de paix, de pénitence et de prière, où se rendent les foules de gens avides de foi, d'espérance et d'amour, pour boire à la source d'eau vive qui étanche la soif et fait accéder à la vie éternelle ».

Jean-Paul II fut bientôt convaincu que le salut de l'humanité se trouvait à Fatima. Il s'y trouverait effectivement si le message de Fatima habitait les cœurs humains. Comme sœur Lucie, il s'attendait à ce qu'un autre miracle marial eût lieu à Fatima. Citons ici les paroles de sœur Lucie, notes qu'elle ne termina pas.

> « Il peut transformer les pierres en fils d'Abraham, pour qu'ils deviennent son peuple venant des confins du monde pour tomber à genoux à ses pieds, unis en une seule prière, faisant pénitence, implorant le pardon, la grâce et la consolation pour eux et pour leurs frères lointains, pardonnant aux autres et chantant des hymnes d'action de grâce, de supplication et de glorification à notre Dieu le très Haut, Seigneur de toute chose, et à la Mère, la sienne et la nôtre, qu'il avait envoyée comme Annonciatrice de paix, de grâce, de pardon et d'amour remplissant le monde entier [1]. »

Jean-Paul II se rendit compte qu'il avait reçu le don de la vie et qu'un miracle semblable pourrait être accompli à l'égard du monde. Il disait souvent que « les apparitions

---

1. Irmã Lúcia, *Como vejo a mensagem através dos tempos e dos acontementos*, Ediçao Carelo de Coimbra, Coimbra 2006, p. 14.

de la Sainte Vierge à Fatima, confirmées par les signes non ordinaires de 1917, sont « un point de repère pour tout notre siècle ». Car « Fatima est une source de vie, de grâce, toujours plus forte que le mal [1] ».

C'est pourquoi Fatima fut pour lui une partie tellement importante de son pontificat miraculeusement prolongé.

Chaque nuit, avant de s'endormir, il embrassait les mains et les pieds d'une statuette de la Vierge de Fatima qui se trouvait auprès de son lit ; interrogé par des journalistes sur Fatima, il répondit : « Fatima ? J'y suis présent chaque jour ! »

La dimension de Fatima était « la dévotion particulière » du Pape. Son entourage se rendait compte du rôle que Fatima jouait dans le service pontifical de Jean-Paul II dans l'Église. Les témoignages rendus par les collaborateurs les plus proches du Saint-Père le confirment. Le cardinal Ugo Poletti dit :

> « Aujourd'hui, on peut dire sans l'ombre d'un doute que tout le pontificat de Jean-Paul II – non seulement le service papal, mais aussi les signes évidents et extraordinaires – éclaira la véracité du message de Fatima d'une lumière nouvelle [2]. »

Le cardinal Joachim Meisner affirma à son tour : « Notre Dame de Fatima est le Mystère de vie du Saint-Père. C'est pourquoi Fatima se trouve à Rome, au centre

---

1. Aura Miguel, *Tajemnica Fatimska a pontyfikat Jana Pawła II (Le mystère de Fatima et le pontificat de Jean-Paul II)*, Pallottinum, Ząbki 2002, s. 110.

2. Mirosław Drozdek SAC, *Mały modlitewnik fatimski (Petit livre de prière de Fatima)*, Éditions des Sœurs de Lorette, Warszawa 1995, p. 101.

de l'Église catholique [1] », tandis que l'évêque Brescenzio Sepe parlait « de la vénération particulière du Saint-Père pour Notre Dame de Fatima [2] ». « S'il existe une maison que tu surveilles en ton amour maternel, c'est la maison du Pape, successeur de saint Pierre [3] », ajoutait Angelo Sodano, secrétaire d'État.

Effectivement, Jean-Paul II est bien Jean-Paul II de Fatima.

Au secours de la famille

« Le christianisme ne connaît pas de hasards », disait souvent Jean-Paul II.

En juillet 1981, le Pape découvrit que « Fatima et la famille vont ensemble ». En lisant attentivement les *Documents* décrivant les apparitions de Fatima, le Pape s'aperçut qu'une partie du message était consacrée à la famille. Ce fut une découverte extraordinaire car, dans les analyses des apparitions de Fatima, ce thème est passé sous silence dans la plupart des cas. Jean-Paul II remarqua donc qu'à Fatima, Marie revenait souvent sur ce qui allait avoir lieu « à la fin » : le jour de la dernière apparition, le 13 octobre 1917.

Suivons cette partie de la *Documentation* que le Saint-Père lut avec autant d'attention.

---

1. Aura Miguel, *Tajemnica Fatimska a pontyfikat Jana Pawła II (Le mystère de Fatima et le pontificat de Jean-Paul II)*, Pallottinum, Ząbki 2002, p. 11.

2. *Ibid.*, p. 137.

3. *Ibid.*, p. 7.

En résumé, Jean-Paul II remarqua que toutes les apparitions de la Sainte Vierge, de mai à septembre, avaient comme but de préparer les voyants à cette journée d'octobre ; il relève dans les paroles de la Sainte Vierge, prononcées lors des cinq apparitions précédant la rencontre surnaturelle du 13 octobre, que la dernière révélation de Fatima avait quatre objectifs à réaliser : 1) Marie allait dire qui elle est et 2) ce qu'elle veut ; 3) le miracle accompli en ce jour allait susciter la foi des gens ; 4) le Ciel allait bénir le monde.

La réponse à la première question fut évidente pour le Pape. Marie dit qu'elle est Notre Dame du Rosaire. Les points trois et quatre ne suscitaient aucun doute non plus. Le point deux laissait un point d'interrogation. « Que voulait Marie ? », se demandait Jean-Paul II. Il était évident qu'elle appelait l'humanité à la pénitence, à la conversion, à réciter le Rosaire, mais il en était également question dans les apparitions antérieures ; dans la dernière apparition, elle allait évoquer un élément nouveau qui allait devenir le message le plus important de la Sainte Vierge. « En octobre, je dirai… ce que je veux » – est-ce que, à la lumière de ces paroles, s'interrogeait le Pape, il ne faudrait pas poser cette question une fois encore ?

Jean-Paul II s'arrêta longtemps sur ce passage. Il ne pouvait laisser cette question sans réponse.

Le Pape lut attentivement les notes de sœur Lucie. Lors du dernier entretien avec les enfants, la Sainte Vierge de nouveau leur adressa son appel : « Que les hommes arrêtent d'offenser Dieu notre Seigneur, car Il a été suffisamment outragé. » Puis elle ouvrit ses mains d'où émana une lumière extraordinaire et se mit à monter vers le ciel, allant vers l'est ; son reflet tomba alors sur le soleil. Ce n'était pas la fin de l'apparition, pourtant, mais son véritable commencement. Une longue introduction, dont les motifs dominants étaient apparus régulièrement tous les mois, allait maintenant, avec le contour du soleil, se transformer en une harmonie de sons qui changerait le monde. Depuis six mois, Marie préparait les voyants et les témoins à ces événements.

Lorsque la Sainte Vierge monta vers le ciel, la petite Lucie cria aux foules rassemblées : « Regardez le soleil ! » Et tandis que la foule, effrayée et stupéfaite, observait « la danse du soleil », les voyants en extase regardaient la vision de la Sainte Famille :

> « Lorsque la Sainte Vierge disparut dans l'immensité du firmament, à côté du soleil, nous aperçûmes saint Joseph avec l'Enfant et la Mère de Dieu vêtue de blanc, un manteau bleu sur les épaules. Il semblait que saint Joseph et l'Enfant bénissaient le monde, faisant un signe de croix. Dès que cette vision disparut, je vis notre Seigneur et la Mère de Dieu qui semblait être Notre Dame des Douleurs. J'eus l'impression de voir le Seigneur en train de bénir le monde, comme saint Joseph l'a fait précédemment. Cette vision a disparu encore et j'ai eu l'impression de voir la Mère de Dieu se présentant cette fois comme Notre Dame du Mont-Carmel [1]. »

L'esprit d'analyse de Jean-Paul II remarqua certainement l'aspect différent de l'apparition finale. Toutes les apparitions précédentes consistèrent en la transmission de paroles, tandis que seule cette dernière fut transmise

---

1. *Wspomnienia Siostry Łucji z Fatimy (Souvenirs de Sœur Lucie de Fatima).* Tom I, Secretariado dos Pastorinhos, Fatima 2000, p. 188-189.

à travers une vision silencieuse. Une fois seulement – dans l'apparition de juillet – la Sainte Vierge se servit d'un langage riche en images symboliques : lorsqu'elle transmit aux enfants le secret de Fatima ! Toutefois, à la différence des visions données aux enfants en juillet, la vision d'octobre fut dépourvue de commentaire verbal. Le Pape envisagea deux possibilités d'interprétation : soit ces visions sont pour nous compréhensibles et ne suscitent aucun doute ; soit il appartient à l'Église de leur donner une explication. Ce fut même considéré comme une tâche à réaliser, dans la mesure où, avec les années, l'Église saurait lire de mieux en mieux le contenu de cette apparition non verbale.

Nous ne pouvons qu'imaginer la suite de la réflexion du Pape. Nous savons seulement que son idée d'interpréter Fatima comme un message concernant le salut de la famille fut confirmée, de surcroît, par des signes accompagnant l'attentat contre sa vie et désignant également la famille.

Rappelons qu'une grande manifestation pour l'avortement allait avoir lieu le 13 mai dans les rues de Rome. À cause des coups de feu tirés place Saint-Pierre, Enrico Berlinguer, chef du Parti Communiste italien, annula la manifestation. L'abbé Dziwisz mentionna ces faits dans ses souvenirs, citant aussi l'interprétation que le Pape leur avait donnée :

> « Une grande manifestation, organisée par les milieux se prononçant pour l'avortement, fut prévue pour ce jour à Rome. Elle n'eut pas lieu, en raison de l'attentat. Dans les desseins de la Providence divine, il n'y a pas de hasard. Ce signe du sang innocent et de la lutte désespérée pour la vie fut peut-être nécessaire pour que la notion de sa valeur et

la volonté de la protéger, dès la conception jusqu'à la mort naturelle, naisse de nouveau dans les consciences humaines. La fondation du Conseil Pontifical pour la Famille et de l'Institut de la Famille auprès de l'Université Pontificale du Latran, qui se fit ce jour, semble confirmer cette intuition. [...] On peut dire que l'engagement du Saint-Père et de l'Église pour la famille et le respect de la vie dès la conception trouva ce jour comme une nouvelle impulsion et une motivation existentielle [1]. »

L'abbé Dziwisz, parlant des fruits de l'attentat, se servit d'une citation prise du poème *Stanislas*, dont Karol Wojtyla était l'auteur : « La parole ne convertit pas, le sang convertira... » Nous devrions peut-être également l'envisager ainsi, dans le contexte de l'engagement de Jean-Paul II pour la protection de la vie et de la famille.

Il est évident que l'Église de la fin du millénaire et Fatima vont ensemble.

---

1. Mgr Stanislaw Dziwisz, *Dotknąłem tej tajemnicy (J'ai touché à ce mystère),* Éditions Saint Stanislas, BM de l'Archidiocèse de Cracovie. Discours-témoignage de Mgr Stanislas Dziwisz, à l'occasion de la remise du doctorat Honoris Causa à l'Université Catholique de Lublin. Ce sont les paroles finales du discours. Wojtyla a terminé la première partie du poème « Stanislas » de manière suivante :

« La parole ne convertit pas. [...]
L'évêque n'eut même pas le temps de penser :
Enlève-moi cette coupe.
Une épée tombe sur la terre de notre liberté.
Du sang tombe sur la terre de notre liberté.
Quel poids sera plus important ?
Le premier siècle prend fin.
Le deuxième siècle commence.
Nous prenons dans nos mains l'ESQUISSE du temps inévitable. »

« C'est par la famille que se déploie l'histoire de l'homme, l'histoire du salut de l'humanité [1] », écrivit le Pape dans sa *Lettre aux familles*. Ce n'est donc pas étonnant si c'est à la famille que Jean-Paul II accorda une mission fondamentale dans le monde contemporain ni qu'il désigna son message pour le monde comme *Évangile de la famille*. Dans son homélie pour la fin de l'Année de la Famille en 1994, il fit de la famille un article de la foi, l'élevant ainsi à un rang supérieur.

Le Pape dit alors :

> « *Familia, quid dicis de te ipsa ?* ("Famille, que dis-tu de toi-même ?") C'est une question qui exige une réponse…
> Cette réponse, on la trouve aux premiers temps du christianisme, dans la période post-apostolique : « Je suis une Église domestique. » Autrement dit, "je suis *Ecclesiola*, Église domestique"…
> "Je crois en la sainte Église catholique" (*Unam, sanctam, catholicam et apostolicam Ecclesiam*). Familles, vous êtes une Église domestique, comme les pères et les écrivains des premiers siècles l'enseignaient. L'Église construite sur le fondement des Apôtres commence avec vous : "*Ecclesiola* – Église domestique"…
> Lorsque vous récitez le Credo, qui parle de l'Église, vous rendez-vous compte qu'il parle de vous [2] ! »

---

1. Jean-Paul II, *Lettre aux familles*, Mame/Plon p. 105.

2. Jean-Paul II, Discours adressé aux familles, le 8 octobre 1994, dans : Jean-Paul II, *Rodzino, co mówisz o sobie ? Dokumenty i przemówienia papieskie w Roku Rodziny (Famille, que dis-tu de toi-même ? Documents et discours du pape dans l'Année de la Famille)*, La Pastorale des Familles à la Curie Métropolitaine de Cracovie, Krakow 1995, p. 231.

Pour Jean-Paul II, la coïncidence de l'attentat contre le Pape le 13 mai 1981 et de l'attaque contre les principes fondamentaux de la vie familiale (dont la manifestation pour l'avortement devait être l'expression) fut l'un des plus grands signes qu'il découvrit dans l'attentat contre sa vie. Il l'exprima le 29 mai 1994.

Ce jour-là, pour la première fois après sa sortie de l'hôpital [1], le Pape récitait *l'Angélus* avec des fidèles. Sa douloureuse maladie, liée à sa fracture du col du fémur, touchait à sa fin. Lorsque, encore très souffrant, il rencontra des fidèles, il parla avec tant de puissance, du plus profond de son cœur, de façon si personnelle, que tout le monde fut touché. Tout à sa vision mystique, il parlait de ce qui menaçait actuellement l'Église et l'humanité.

Le Pape réunit alors trois thèmes en un tout : Fatima, l'attentat et la famille. Prenant la parole à la fin de *l'Angélus*, le Pape parla de sa rencontre avec le président des États-Unis, Bill Clinton, qui allait avoir lieu quatre jours plus tard. Ils allaient s'entretenir au sujet du document final de la conférence au Caire, proposée par l'ONU. C'était la première rencontre importante prévue par le Pape après sa sortie de l'hôpital.

Citons ici les paroles saisissantes du Pape :

> « À la fin de ce mois marial, tournons nos regards vers Marie avec un amour particulier, et présentons les désirs, les demandes et les larmes de toute l'humanité à son Cœur maternel…
> Et c'est à travers Marie que je voudrais exprimer aujourd'hui ma reconnaissance pour le don de la souffrance…

---

1. Il s'était alors cassé le col du fémur et avait dû aller à la clinique Gemelli.

Je suis reconnaissant pour ce don. J'ai compris que c'était un don indispensable.
Le Pape dut séjourner à l'hôpital Gemelli pendant quatre semaines ; il a dû passer quatre dimanches loin de cette fenêtre ; il devait souffrir – il devait souffrir comme il avait souffert treize ans plus tôt.
Lors de mon séjour à l'hôpital, j'ai beaucoup pensé à tout cela... J'ai compris qu'il me fallait conduire l'Église à entrer dans le troisième millénaire par la prière et par différentes initiatives, mais je vis que cela ne suffisait pas : l'Église devait être conduite par la souffrance, par l'attentat d'il y a treize ans et par ce nouveau sacrifice.
Pourquoi maintenant, pourquoi cette année, pourquoi dans l'Année de la Famille ?
C'est parce que la famille est menacée, parce que la famille est l'objet de nombreuses attaques.
Le Pape doit être l'objet d'attaques, il doit souffrir, pour que toute famille dans le monde puisse voir qu'il existe un Évangile en quelque sorte supérieur : l'Évangile de la souffrance, qui prépare l'avenir, le troisième millénaire des familles, de chaque famille et de toutes les familles...
Je suis reconnaissant à la Sainte Vierge de ce don de la souffrance et je l'en remercie.
Encore une fois, je dois rencontrer les grands de ce monde et je dois leur parler. Avec quels arguments ?
C'est le sujet de la souffrance qui m'est resté. Je veux leur dire : comprenez, comprenez pourquoi le Pape s'est retrouvé de nouveau à l'hôpital, pourquoi il a encore souffert ; comprenez, réfléchissez [1] ! »

---

1. Jean-Paul II, « L'Angélus », le 29 mai 1994, dans : *Rodzino, co mówisz o sobie ? Dokumenty i przemówienia papieskie w Roku Rodziny (Famille, que dis-tu de toi-même ?)*, La Pastorale des Familles à la Curie Métropolitaine de Cracovie, Krakow 1995, p. 402-403. Voir aussi *Laissez-moi m'en aller,* Card. Stanislaw Dziwisz, Parole et Silence, 2006, p.46.

Ces paroles dramatiques de Jean-Paul II n'appellent pas de commentaire. D'autres paroles du Saint-Père les complètent, celles qu'il a prononcées le 8 octobre 1994, le jour de la clôture de l'Année de la Famille. À cette occasion, Jean-Paul II encore une fois fit le lien entre la protection de la famille et l'attentat contre sa vie. Le Pape mentionna brièvement les apparitions de Fatima, puis il ajouta : « Le 13 mai 1981, à cette date particulière, le Conseil Pontifical pour la Famille fut constitué [1]. »

En effet, le fait que le Conseil Pontifical pour la Famille fut constitué à la même date que l'attentat contre le Pape a une importance fondamentale, permettant de penser que Jean-Paul II vit encore ce signe dans son salut. En quelque sorte, le Pape détermina sa façon de vivre par le fonctionnement d'un nouvel organe au Vatican, dont l'unique objectif fut la protection et la promotion de la famille.

Les paroles du Pape suggèrent qu'à partir de 1981, l'enseignement de l'Église attacha une importance particulière au thème de la famille.

---

1. Jean-Paul II, Discours adressé aux familles, le 8 octobre 1994, dans : Jean-Paul II, *Rodzino, co mówisz o sobie ? Dokumenty i przemówienia papieskie w Roku Rodziny (Famille, que dis-tu de toi-même ?)*, La Pastorale des Familles à la Curie Métropolitaine de Cracovie, Krakow 1995, p. 233.

4

Changements extraordinaires

« Priez la Sainte Vierge
avec toute l'ardeur dont vous êtes capables !
Sentez sa présence. »
Jean-Paul II

Il se rendit compte que la consécration de l'humanité à la Sainte Vierge changerait tout. Il guettait « le printemps du christianisme » pointant à l'horizon, « une civilisation de l'amour », « un monde nouveau, meilleur ». Il attendait un miracle. Lorsqu'il s'était dévoué entièrement à Marie, quatorze ans plus tôt, cela avait transformé sa vie. À présent, le temps était venu de transformer l'humanité. Il était patient, il savait que « l'échange mystique des cœurs » et les miracles ne viendraient pas immédiatement. Ce serait un long processus – irrévocable, si l'on se consacre à Marie en toute fidélité. Ce fut le cas pour lui. Et pour le monde, qu'allait-il se passer ? Resterait-il consacré à la Sainte Vierge au cours des années à venir ? Tant que lui,

Jean-Paul II, serait en vie, il ne permettrait pas au monde de délaisser la Mère de Dieu.

Pourquoi ce pontificat, miraculeusement prolongé, eut-il ensuite un visage différent ?

Le Pape, qui ne se lassait pas de fixer l'Icône de Jasna Góra, regardait maintenant aussi du côté de la Vallée de la Paix.

Il n'y alla jamais, mais s'y rendait tous les jours en esprit.

Grâce à cela, la nouvelle vie du Pape eut-elle comme conséquence un nouveau miracle au niveau politique et économique ?

L'histoire ne connaît que quelques interventions miraculeuses dans ce domaine.

Pourquoi ce miracle eut-il donc lieu de nouveau, pourquoi fut-il aussi important ?

Pourquoi Jean-Paul II se sentit-il dérangé par les « miracles noirs » ?

Car l'adversaire, lui aussi, peut accomplir des « miracles » à sa manière…

*

La consécration du monde à la Sainte Vierge

Le Saint-Père n'avait plus à se demander pourquoi il avait été sauvé. Il en comprenait même parfaitement la raison : il avait une tâche à accomplir. Les signes accompagnant l'attentat lui révélèrent le sens de sa vie nouvelle. À présent, le plus important était de réaliser ce que ses éminents prédécesseurs n'avaient pas pu faire : Pie XII en 1942 et Paul VI en 1964. Le Pape se rendait compte qu'il était grand temps de confier la Russie au Cœur Immaculé de Marie – et de le faire d'une manière collégiale : en union avec tous les évêques. Connaissait-il les détails ? Savait-il que l'humanité se trouvait au seuil d'une guerre nucléaire qui pouvait détruire le monde ? Nous avons le droit de penser qu'il en était ainsi, car, dans l'acte de la consécration de 1984, il y eut un appel dramatique à sauver le monde de la guerre nucléaire. Le Pape pria ainsi :

> « Ô Cœur immaculé! Aide-nous à vaincre la menace du mal qui s'enracine si facilement dans le cœur des hommes d'aujourd'hui et qui, avec ses effets incommensurables, pèse déjà sur la vie actuelle et semble fermer les voies vers l'avenir !
> De la faim et de la guerre, *délivre-nous !*
> De la guerre nucléaire, d'une autodestruction incalculable, de toutes sortes de guerres, *délivre-nous!*
> Des péchés contre la vie de l'homme depuis ses premiers moments, *délivre-nous !* [...]
> Écoute, ô Mère du Christ, ce cri *chargé de la souffrance* de tous les hommes! *Chargé de la souffrance* de sociétés entières ! [...]
> Que se révèle encore une fois dans l'histoire du monde l'infinie puissance salvifique de la Rédemption, la puissance de

l'amour miséricordieux ! Qu'il arrête le mal ! Qu'il transforme les consciences ! Que dans ton Cœur immaculé se manifeste pour tous la lumière de l'espérance [1] ! »

À la lumière de son expérience mariale – surtout celle du 13 mai 1981 – le Pape comprit que le monde était incapable de guérir par ses propres forces, qu'il lui fallait l'intervention du divin Médecin, d'un médicament du Ciel et de la sollicitude de la Sainte Vierge. Pour le Pape, la situation du monde était en quelque sorte analogue à celle dans laquelle il s'était trouvé au cours de ce mémorable après-midi de mai. La vie du monde était « directement menacée ». L'intervention de Marie était nécessaire pour le sauver. Comme l'exprima le Saint-Père dans son homélie du 13 mai 1982 à Fatima :

> « Le successeur de saint Pierre se porte [...] témoin d'un danger presque apocalyptique qui menace les nations et l'humanité [...]. Mon cœur souffre en voyant le péché du monde et les dangers pesant sur l'humanité comme des nuages noirs [2]. »

Jean-Paul II allait réaliser l'exigence fondamentale de Fatima. Il est étonnant de noter que sœur Lucie, dans les années trente déjà, savait que « pour le moment, le Saint-Père ne réaliserait pas les vœux fondamentaux de Jésus [3] » et que ceux-ci s'accompliraient bien « plus tard ». Le Ciel attendait le Pape polonais…

---

1. Jean-Paul II, *Acte de la Consécration au Cœur Immaculé de Marie*, le 25 mars 1984 à Rome.

2. Jean-Paul II, Homélie à Fatima, le 13 mai 1982, dans : *Ibid.*, p. 168.

3. Lettre de sœur Lucie au père Gonzalvesa, Tuy, le 18 août 1940 dans : *Documents on Fatima and Memoirs of Sister Lucia* (English Edition), Fatima Family Apostolate, Alexandria SD, p. 336.

Wojtyla en fut conscient. Il se sentait comme poussé par le message de Fatima, si bien qu'il se décida à consacrer la Russie au Cœur Immaculé de Marie dès le premier anniversaire de l'attentat. Mais il introduisit une nouveauté dans l'acte. La lecture de la documentation de Fatima lui fit élargir l'acte de la consécration au monde entier. Le Pape était bien conscient que l'humanité s'engageait trop avant sur un chemin de perdition et que les conséquences des fautes commises par la Russie se faisaient sentir dans le monde entier. Ainsi, par cet acte, il voulait toucher tous les endroits où les fautes commises par la Russie s'étaient déjà enracinées. En effet, à cette époque, l'idéologie marxiste avait déjà envahi plus de la moitié de la terre ! L'acte prononcé par le Pape concernait donc, non seulement la Russie, mais le monde entier avec elle.

Ceci peut paraître étrange et incompréhensible, mais la consécration du monde au Cœur Immaculé de Marie, réalisée le jour du premier anniversaire de l'attentat, rejoignit la liste des précédentes tentatives manquées de répondre à l'exigence de Fatima. Pour la sixième fois, l'acte accompli par le Pape s'avéra « non valide ».

Comment cela fut-il possible ? Encore une fois, nous pouvons mentionner « le surnaturel négatif » et parler d'un « miracle noir » accompli par les forces du mal. Tandis que le Pape entreprenait des démarches pour consacrer la Russie au Cœur Immaculé de Marie, le mauvais esprit, de nouveau, se mit à agir. Certains évêques en effet ne reçurent pas l'invitation à participer spirituellement à la consécration de la Russie. À cause de cela, une fois de plus, l'acte de consécration ne fut pas suffisamment

« collectif » et ne répondit pas aux exigences du Ciel. Sœur Lucie dit à l'archevêque Portalupi, nonce apostolique : « Dieu n'agréa pas cet acte, car il ne fut pas accompli en union avec les évêques du monde entier. »

Jean-Paul II prit cette nouvelle avec un grand calme. Il reconnut qu'il fallait accomplir cet acte encore une fois, et de façon plus solennelle. Il décida alors de le faire au cœur même de l'Église, au Vatican. C'est au Vatican qu'il fit venir de Fatima cette même statue devant laquelle il avait prononcé l'acte « invalide ».

Voici ce que dit le cardinal Andrzej Deskur à ce propos :

> « Je n'oublierai jamais le jour du 25 mars 1984, lorsque le Saint-Père fit venir au Vatican la statue de Notre Dame de Fatima. On me transporta dans mon fauteuil roulant place Saint-Pierre, où deux cents cardinaux et évêques étaient rassemblés. Le monde entier fut représenté dans une grande et commune prière d'imploration…
> Toutes les personnes rassemblées place Saint-Pierre eurent conscience de participer à un événement qui aurait le pouvoir de changer le cours de l'histoire du monde, conformément à ce que la Mère de Dieu avait annoncé à Fatima. Je voudrais ajouter qu'un évêque (le cardinal pense ici à l'évêque Hnilica), sous prétexte d'un voyage en Inde, lors de la cérémonie à Rome, tandis le Pape consacrait le monde à la protection maternelle de Marie, se trouvait à Moscou et il consacra l'État soviétique au Cœur Immaculé de Marie [1]. »

---

1. Mirosław Drozdek SAC, *Papież, którego pontyfikat Maryja związała z Fatimą (Le pape dont Marie a lié le pontificat avec Fatima)*, revue « Zrodlo », 2003. p. 8.

Le 25 mars 1984 représenta donc une nouvelle tentative de consacrer le monde au Cœur Immaculé de Marie. « La force du mal » réussit seulement à perturber la célébration car la sonorisation ne fonctionnait plus place Saint-Pierre, au moment le plus important, lorsque le Pape prononça la consécration de la Russie. Mais ce qui ne parvint pas aux oreilles des personnes rassemblées sur la place parvint à Dieu. L'acte fut « valide ».

Après la cérémonie à Rome, le Nonce apostolique rendit visite à sœur Lucie et lui demanda : « Est-ce que maintenant, la Russie est consacrée à la Sainte Vierge ? » « Oui, elle l'est à présent », répondit la voyante de Fatima. Il dit alors : « Maintenant, nous attendons le miracle. » Et il entendit : « Dieu tiendra parole [1]. »

Sœur Lucie confirma par écrit, et à plusieurs reprises, que la consécration du monde, demandée par la Sainte Vierge à Fatima, eut lieu en 1984 et qu'elle fut agréée par Dieu. La voyante consentit à publier trois lettres qu'elle avait écrites au sujet de la consécration de la Russie au Cœur Immaculé de la Sainte Vierge. Dans toutes ces lettres, elle confirme que l'acte accompli par Jean-Paul II le 25 mars 1984 fut « valide ».

L'acte accompli à Rome fut un miracle. Le Pape réussit à réaliser ce que ses prédécesseurs n'étaient pas parvenus à accomplir. La septième tentative de consacrer la

---

1. Mirosław Drozdek SAC (red.), *Fatima dziś. Aktualność orędzia Matki Bożej Fatimskiej na progu nowego milenium (Fatima aujourd'hui. L'actualité du message de Notre Dame de Fatima au seuil du nouveau millénaire),* Éditions des Sœurs de Lorette 1999, p. 59. Voir aussi : Lettre de sœur Lucie du 29 août 1989 dans : *Documents on Fatima and Memoirs of Sister Lucia,* p. 84.

Russie à Marie fut enfin efficace. C'était, comme sœur Lucie le caractérisa, « le premier triomphe du Cœur Immaculé de Marie ».

Certains prétendent jusqu'à aujourd'hui qu'il n'y eut aucun miracle en 1984, car cette consécration de la Russie ne fut pas valide. Les arguments qu'ils présentent semblent convaincants au premier abord. L'argument fondamental se réfère aux faits : la Russie ne se convertit toujours pas, alors que la Mère de Dieu avait promis que sa conversion serait le fruit de sa consécration au Cœur Immaculé. Cependant, Marie n'avait jamais dit que la Russie allait se convertir « immédiatement ». Tout ce qui concerne Fatima suppose une réalisation lente. Sœur Lucie dit en 1993 : « Les gens s'attendent à ce que tout se fasse immédiatement, dans leur échelle temporelle [...]. Le triomphe est un processus qui avance dans le temps. »

Le processus de changement fut mis en marche immédiatement, mais il fallut que quelques années passent pour qu'apparaissent les premières transformations. Car la Sainte Vierge tint parole : dans le monde commencèrent des changements qui transformèrent la vie de millions de personnes et provoquèrent l'éclatement définitif de l'empire athée. Si, donc, au bout de soixante ans, un pouvoir qui semblait pouvoir durer encore pendant des siècles fut ébranlé, il n'est pas étonnant qu'à ce propos, on parle d'une « intervention divine », d'un « mystère », voire d'un « miracle ».

Certains facteurs des changements inattendus dans les pays de l'Europe Centrale et de l'Europe de l'Est furent déjà visibles un an après la consécration de la Russie à la Sainte Vierge – en 1985 – car c'est alors que Michaïl

Gorbatchov, futur auteur des changements dans les pays du bloc socialiste et témoin du rôle du Pape dans tous ces bouleversements, prit le pouvoir dans l'empire soviétique. Les signes suivants apparurent en 1987 – lors de l'Année mariale. L'archevêque Tadeusz Kondrusiewicz en parla lors du premier pèlerinage russe à Fatima de l'histoire ; dans une homélie prononcée à cette occasion, il confirma que « dans les changements en URSS, une grande accélération s'accentua depuis 1987 – depuis l'Année Mariale ».

Le Saint-Père écrivit aussi à ce propos dans *Tertio Millenio Adveniente* :

> « Il est difficile de ne pas remarquer que l'Année Mariale précéda directement les événements de l'année 1989. Forcément, ces événements furent surprenants par leur étendue, et surtout par leur déroulement rapide. Tandis que les années quatre-vingts furent comme porteuses d'une menace croissante, d'une continuation de la guerre froide, l'année 1989, en revanche, apporta une solution de paix, qui avait l'apparence d'un développement en quelque sorte "organique"... On avait l'impression, d'ailleurs, qu'une main invisible de la Providence, une main maternelle, organisait tous ces événements : *"Une femme peut-elle oublier son nouveau-né ?"* (Is 49, 15) [1] »

Deux ans plus tard, l'ère du communisme prit fin et le lent processus de la conversion de la Russie, annoncé par Notre Dame de Fatima, commença.

Les événements qui eurent lieu dans le monde à partir de 1989 furent considérés par Jean-Paul II comme les

---

1. Jean-Paul II, Lettre apostolique *Tertio Millenio Adveniente*, p. 27.

fruits de l'intercession de la Mère de Dieu. Dans l'acte de la consécration, accompli à Fatima le 13 mai 1991, il remercia Marie pour les « changements inattendus qui rendirent la foi aux nations depuis trop longtemps oppressées et humiliées ». « Les nations entières ont besoin de toi, ces nations qui viennent de reconquérir les espaces de liberté et qui construisent maintenant leur avenir », dit le Saint-Père. Le 15 mai 1991, revenu à Rome de son pèlerinage à Fatima, il dit encore, lors de l'audience générale :

> « Le message de Notre Dame de Fatima se résume par les premières paroles du Christ : "*Le Royaume de Dieu est tout proche. Convertissez-vous et faites pénitence.*" (Mc 1, 15) Au seuil du troisième millénaire, les événements qui eurent lieu sur notre continent, surtout en Europe Centrale et en Europe de l'Est, actualisent cet appel évangélique : appel à la conversion. Ces événements orientent nos pensées plus particulièrement vers Fatima. Le Cœur de la Mère de Dieu est le Cœur qui a de la sollicitude, non seulement pour les personnes particulières, mais aussi pour les peuples entiers et les nations. Ce Cœur est entièrement voué à la mission salvatrice de son Fils, du Christ, Rédempteur du monde, Rédempteur de l'homme [1]. »

Une seule personne, bien avant cela, savait tout ce qui allait se passer. C'était sœur Lucie, qui bénéficia d'apparitions de la Sainte Vierge jusqu'à la fin de sa vie. Ce fut sans aucun doute Marie qui l'informa des changements

---

1. Jean-Paul II, Audience générale, le 15 mai 1991 dans : Maria Filipiak (red), *Jan Paweł II o Matce Bożej 1978-1998. Audiencje generalne (Jean-Paul II sur la Mère de Dieu 1978-1998. Audiences générales)*, Les prêtres marianistes, Warszawa 1999, p. 78.

qui allaient se produire dans le monde. C'est pourquoi, au printemps 1989, sœur Lucie prit une initiative non ordinaire : elle déclara vouloir s'exprimer au sujet des événements qui allaient bientôt avoir lieu. La voyante s'inquiétait de constater que le monde ne reconnaissait pas l'intercession du Cœur Immaculé de Marie dans les événements qui suivirent 1989, de ce Cœur auquel la paix fut confiée, et que le monde ne voyait pas le lien entre l'acte de consécration de 1984 et le démembrement de l'ex-URSS, qui s'opéra sans confrontation militaire.

Il est encore plus stupéfiant qu'aucune revue, aucune chaîne de TV ne se décida à écouter sœur Lucie. D'un point de vue médiatique, cela semble même presque impossible. Les gens auraient dû être intéressés à l'idée d'entendre la voyante, car ils sont généralement curieux de savoir ce qui les attend. Voir et entendre sœur Lucie, ce personnage légendaire habituellement caché derrière les murs d'un cloître de carmélites, cela aurait certainement dû constituer un scoop ! Pourquoi personne ne voulut-il profiter de cette occasion en or d'augmenter le tirage de sa revue ou l'audience de son programme télévisé ? Lorsqu'en 2007, l'abbé Robert Fox, responsable du sanctuaire de Fatima au Dakota du Sud, annonça que, dans le prochain numéro de son mensuel, il allait publier une interview du médecin personnel de sœur Lucie et révéler le contenu d'une apparition inconnue de la Mère de Dieu, des dizaines de milliers de commandes affluèrent du monde entier pour le numéro de *Fatima Family Messanger* du mois de juillet. Dans son entretien avec le prêtre, le docteur Branca Paula allait révéler le contenu des premières pages du journal de la dernière voyante de Fatima, décédée en 2005, et, par ces lignes, la description d'une apparition de Marie à Fatima en 1922. Les gens voulaient qu'on leur en parle !

Cependant, selon les géants des médias, il valait mieux ne pas gagner d'argent plutôt que de parler du rôle de Marie dans les changements de 1989. Évoquer la dimension surnaturelle semblait trop dangereux pour une civilisation laïque. C'est pourquoi les médias renoncèrent à la proposition de sœur Lucie et se concentrèrent sur un message bien plus sécurisant : ils parlaient de « Solidarnosc » en Pologne, de la chute du Mur de Berlin, de la « Révolution de velours » en République tchèque. Personne ne voulut s'interroger sur la vraie cause de ce miracle.

Même l'événement suivant, tout aussi inattendu, de 1991, porteur de signes donnant à réfléchir, n'y changea rien.

En 1991, de nouveau, le mauvais esprit tenta de faire reculer les événements qui avaient été le fruit des activités mariales de Jean-Paul II. Pourtant, encore une fois, le « sombre metteur en scène » ne choisit pas le bon moment. Lorsqu'il inspira les événements dont le but était de rétablir, en Russie, la situation d'avant les changements et de tenter un coup d'État militaire, il ne commit pas l'erreur de mai 1981 et ne choisit pas le treize du mois. Il se décida pour une date bien plus sécurisante : le 19 août. Ainsi, comme par une ironie du sort, le coup d'État à Moscou commença le jour anniversaire des apparitions de Fatima du mois de mai ! Car, en effet, le 13 août 1917, l'administrateur de la région de Fatima enleva les voyants, les empêchant ainsi de se rendre dans le lieu où la Sainte Vierge allait apparaître. Marie apparut aux enfants seulement après leur libération, le 19 août. Ajoutons que la tentative de coup d'État de 1991 prit fin le 22 août au soir, lorsque l'Église célébra les premières vêpres de Marie Reine, fête constituée en l'honneur de Notre Dame de Fatima ! Par la suite, les membres mêmes du « coup d'État des généraux » apportèrent leur témoignage sur le rôle du Saint-Père et de son acte de consécration. Ils reconnurent avoir voulu rétablir dans le pays la situation « d'avant 1984 ». Pourquoi avant 1984 ? Pour reculer dans le temps, pour revenir en arrière, à l'époque précédant l'accomplissement par le Pape de l'acte consacrant le monde et la Russie au Cœur Immaculé de Marie…

C'est ainsi que des personnes croyantes considérèrent ces événements. Ce fut ainsi que le Pape les interpréta.

5

Le sacrifice accepté

« Ô Mère !
Priez pour nous au pied de la croix du Christ,
priez par le sang des martyrs ! »
Jean-Paul II

Il connaissait les prophéties de Fatima et ces paroles étranges sur le sens de la souffrance dans l'histoire contemporaine du monde. Il comprenait la nécessité immédiate du sacrifice. Et il saisissait l'appel à être comme Marie qui souffrait en union avec le Christ, pour sauver de l'enfer le plus grand nombre possible d'êtres humains.

Puis, un jour, il comprit qu'il manquait un élément pour que sa dévotion à la Sainte Vierge soit totale. C'était la nécessité de verser son sang qui parlait plus haut que tout cri, qui avait un pouvoir salvateur et engendrait l'Église. Il voulait sauver le monde par la souffrance qui a du sens, le protéger d'une souffrance vaine. Il s'engagea donc dans ce chemin et s'offrit sur l'autel du sacrifice, en offrande pour les pécheurs. Ce fut son service le plus important.

Certains miracles changent le déroulement de la vie ; d'autres rendent la vie plus difficile.

Pourquoi Jean-Paul II choisit-il la voie du « miracle difficile », du miracle qui fatigue et qui emporte ?

Le miracle, où se situe-t-il ?

Fut-il un miracle d'amour tout simplement, un miracle d'amour jusqu'à la croix ?

Nous en apprendrons plus après avoir franchi le seuil de l'au-delà.

*

Pourquoi Marie pleure-t-elle ?

Les paroles que la Sainte Vierge prononça lors des apparitions de Fatima donnent à réfléchir. Pourquoi Marie révéla-t-elle que les bons allaient « souffrir » ? Il nous semble bien injuste qu'en réponse à tout le mal du monde contemporain, la plus grande souffrance touche les personnes innocentes, bonnes, saintes. Est-ce que ceci est juste ? Est-ce que les méchants ne devraient pas souffrir à cause de leurs mauvaises actions ? Telle semble être la logique de Dieu, qui se révèle à nous ne serait-ce que dans le cadre du mystère de la purification après la mort, de ce Purgatoire qui est la révélation de la Miséricorde de Dieu à l'égard des âmes des pécheurs. Elles ont à subir une souffrance de purification ! Mais pourquoi les justes doivent-ils donc être purifiés pour les fautes des autres ? Pourquoi, comme l'annonce la Sainte Vierge à Fatima, le Saint-Père, « innocent et bon », aura-t-il à beaucoup souffrir à cause des péchés des méchants ? Pourquoi, dans la troisième partie du secret de Fatima, révélée en 2000, voyons-nous une foule de prêtres, de religieux et de laïcs, suivant fidèlement le Saint-Père, donc des gens qui vont bientôt se transformer en un cortège de martyrs ? Pourquoi, pour le dire brièvement, les innocents ont-ils à souffrir ?

C'est l'une des questions les plus difficiles de notre foi… Jean-Paul II nous apporte-t-il une réponse ? Encore une fois, essayons d'entrer dans sa logique.

Effectivement, le mystère de Fatima semble impénétrable dans sa complexité. Il est possible qu'il apparut ainsi au Saint-Père lui-même, jusqu'au jour où il se mit à étudier les notes de sœur Lucie et, soutenu par la grâce du Ciel, pénétra par son esprit ce qui allait changer son existence. Il suffit de méditer sur l'apparition de juillet, celle où la Sainte Vierge transmit aux enfants un secret en trois parties sur l'invasion du monde par le mal, sur le martyre des justes et sur le salut que Dieu nous offre par le Cœur Immaculé de Marie.

Tout d'abord, il faut comprendre l'erreur fondamentale qui se cache dans notre logique humaine. Toute souffrance n'a pas un pouvoir purificateur. Toute souffrance n'est pas comme « celle du Purgatoire ». Lorsque la Vierge de Fatima pleura, le chagrin et les larmes que les enfants virent sur son visage n'avaient qu'une seule cause : Marie ne pleurait pas à cause de nos souffrances, de notre tourment ni à cause du fardeau des malheurs, même les pires, liés aux persécutions les plus cruelles provoquées par Satan dans l'histoire de l'humanité. Les larmes de la Mère de Dieu n'ont qu'une seule cause, car, comme elle le dit en juillet 1917, « beaucoup d'âmes sont damnées à jamais ». Elle pleure parce qu'un grand nombre de ses enfants vont en enfer. Elle pleure à cause de cette seule souffrance parce que celle-ci est dépourvue de sens, qu'elle est un éternel échec, qu'elle ne produit aucun bien, aucune conversion ni changement de vie, aucun rapprochement vers Dieu. Elle éloigne de Dieu pour les siècles.

Il est donc possible, se disait le Saint-Père, que les justes souffrent car les auteurs du mal ne peuvent pas l'expier eux-mêmes. La souffrance des justes est donc nécessaire pour que les autres ne soient pas précipités dans les abîmes de l'enfer. Grâce au martyre des innocents, ces méchants seront peut-être sauvés de la mort éternelle et recevront la grâce d'une souffrance qui purifie. Ils devront donc aller au Purgatoire, peut-être jusqu'à la fin du monde, mais au Purgatoire, la souffrance a un sens et le Ciel leur sera définitivement donné.

Pour le comprendre, il faut se décider à suivre Jean-Paul II, le pape *Totus Tuus*, à changer son cœur à l'exemple de celui de Marie, à adopter sa manière de penser et à aimer comme elle aime. Jean-Paul II reçut la grâce de « l'échange des cœurs », il sut donc comprendre l'incompréhensible. La logique humaine implique que, comme Jésus l'enseignait, le fait même de donner sa vie pour son ami est extrêmement difficile, sans parler d'un inconnu ou d'un malfaiteur, auteur de souffrances, assassin d'enfants… On souhaite les souffrances de l'enfer à un tel homme, et de tout son cœur ! Cependant, Marie pleure à cause de lui… et veut le sauver de la damnation éternelle. Son cœur voit différemment.

Celui qui changera son cœur à l'exemple du Cœur de Marie et sera prêt à accepter la souffrance d'un moment pour sauver les pécheurs de la souffrance éternelle est un saint ! Ces gens – et, dans la vision de Fatima, ils sont nombreux ! – sont saints, car ils savent vivre de l'Évangile ! Ces gens vivent le nouveau commandement de l'amour : ils aiment à la mesure du Christ lui-même : *« Je vous donne un commandement nouveau, que vous vous aimiez les uns les autres, comme je vous ai aimés. »* (Jn 13, 34) Ce n'est pas « l'amour de soi-même » qui est la mesure du véritable amour chrétien, c'est notre Sauveur qui en est la mesure parfaite ! Nous sommes les participants de la Nouvelle Alliance et la formule vétéro-testamentaire : « comme soi-même » est remplacée par une mesure parfaite. Fatima implore un tel amour : l'amour des ennemis, à l'exemple de Jésus qui accepta pour eux de subir une mort cruelle.

Nous savons donc, après avoir compris cette logique de Fatima, pourquoi il est dit que « Fatima est comme l'Évangile [1] ».

Ce n'est que le début de l'apprentissage de la logique de Dieu, dont le Pape prit connaissance lors d'une lecture attentive des *Documents* de Fatima.

À ce moment, les paroles finales de la troisième partie du secret de Fatima reviennent à la mémoire et tous ces

---

1. Wincenty Łaszewski, *Wynagradzanie czyli misja wybranych dusz (Récompense ou la mission des âmes élues)*, dans un supplément spécial de la revue « Nasz Dziennik », le 13 mai 2007, p. 17.

éléments commencent à composer un ensemble logique. Lorsque les soldats tuèrent « l'évêque en blanc », puis, de la même manière, tous ceux qui suivaient le Pape, deux anges apparurent dans la vision. Leur rôle fut le plus important : tenant des récipients en cristal, ils y recueillaient le sang des martyrs, unis par leur mort à la mort rédemptrice du Christ (tout ceci a lieu au pied d'une grande croix symbolique, sur une colline en dehors de la ville, qui est le signe du Golgotha). Ce sang des justes, recueilli par les anges, est d'une valeur inestimable !

Les paroles de sœur Lucie sont porteuses d'un message important. La Sainte Vierge lui fit comprendre qu'il existait deux manières de sauver le monde de la « punition [1] », cette « punition » de plus en plus réelle, dont le Pape était bien conscient et dont il parla à plusieurs reprises. Dans presque toutes les apparitions contemporaines, il y a la vision du bras du Fils de Dieu tombant sur la terre. Même sœur Faustine, une sainte polonaise [2], écrivit à ce sujet dans son *Journal* et sœur Lucie nota qu'actuellement, on méritait le déluge encore davantage que la génération de Noé. La troisième partie du secret de Fatima commence également par une telle

1. Dans les deux premières parties du « secret » il est question d'une punition du monde comme conséquence de ses fautes. Mais sœur Lucie précisa dans une lettre adressée au Saint-Père le 12 mai 1982 : « Ne disons pas que c'est Dieu qui ainsi nous punit; au contraire, ce sont les hommes qui préparent eux-mêmes leur châtiment. Dans sa sollicitude, Dieu nous avertit et nous incite à prendre le bon chemin, respectant la liberté qu'il nous a donnée ; c'est pourquoi les hommes sont responsables. » Congrégation pour la Doctrine de la Foi, *Message de Fatima, Présentation.* Cf : www.vatican.va (NdÉ).

2. Sainte Faustine (Hélène) Kowalska, 1905-1938, fut canonisée le 30 avril 2000 à Rome par Jean-Paul II (NdÉ).

vision : l'ange est déjà en train d'exécuter la sentence de mort sur l'humanité, laissant tomber sur la terre des étincelles capables d'incendier le monde contemporain, comme, dans le passé, elles avaient incendié Sodome et Gomorrhe [1]. Le bras punissant du Fils est au-dessus de nous… Selon les apparitions, et aussi selon les mystiques (dont aussi les mystiques polonais, « amis de Dieu » : saint Maximilien Kolbe, le primat Wyszynski et le pape Wojtyla), la sentence pesant sur nous ne peut être arrêtée que par la Mère de Dieu, et cela uniquement grâce à notre engagement dans son œuvre.

Marie désigne deux voies pour sauver le monde de la colère de Dieu. La première est la consécration du monde pécheur à son Cœur Immaculé. Jean-Paul II fut convaincu que l'acte de la consécration à la Mère des Cieux sauverait le monde, car si tout ce qui était souillé pouvait se retrouver dans les bras de la Mère, Satan n'y

---

1. Le cardinal Ratzinger a commenté ainsi cette partie de la « vision » : « L'ange avec l'épée de feu à la gauche de la Mère de Dieu rappelle des images analogues de l'Apocalypse. Il représente la menace du jugement, qui plane sur le monde. La perspective que le monde pourrait être englouti dans une mer de flammes n'apparaît absolument plus aujourd'hui comme une pure fantaisie: l'homme lui-même a préparé l'épée de feu avec ses inventions. La vision montre ensuite la force qui s'oppose au pouvoir de destruction – la splendeur de la Mère de Dieu et, provenant d'une certaine manière de cette splendeur, l'appel à la pénitence. De cette manière est soulignée l'importance de la liberté de l'homme : l'avenir n'est absolument pas déterminé de manière immuable, et l'image que les enfants ont vue n'est nullement un film d'anticipation de l'avenir, auquel rien ne pourrait être changé. Toute cette vision se produit en réalité seulement pour faire apparaître la liberté et pour l'orienter dans une direction positive. Le sens de la vision n'est donc pas de montrer un film sur l'avenir irrémédiablement figé. Son sens est exactement opposé, à savoir mobiliser les forces pour tout changer en bien. » Congrégation pour la Doctrine de la Foi, *Message de Fatima, Commentaire théologique, op. cit.* (NdÉ).

aurait plus aucun accès. Le mal cesserait de pénétrer dans le monde, il reculerait pour finalement disparaître. C'est une vérité qui concerne les exactions de l'ex-URSS, les milieux sociaux pervertis, les familles sous l'emprise du mal, les cœurs corrompus par le péché. C'est pourquoi le Pape consacra tout et tous à la Sainte Vierge. Il ne faut pas oublier toutefois que la purification du mal, dans les bras de la Mère, ne se fait pas en une seconde. Le monde doit persévérer dans la confiance absolue à son Cœur Immaculé, pour que le processus de l'emprise du démon soit arrêté, puis en recul. Comme Jean-Paul II nous en a avertis à plusieurs reprises, la consécration au Cœur Immaculé ne peut pas être un acte unique et isolé, il faut le renouveler sans cesse…

Dans les desseins de Dieu, le monde doit être sauvé dans la paix, comme Dieu le montra dans le grand message de Fatima. Il veut que les changements dans le monde se fassent « sans explosion » de violence, que le mal soit vaincu « de l'intérieur ». Ceci fut signalé par le départ des armées soviétiques d'Autriche en 1955 ou par l'éclatement de l'empire soviétique après 1989. Ces événements « mariaux » prouvent que Dieu désire conduire le monde par la voie de la paix.

Cette voie n'est pas facile – elle exige des gens capables de se consacrer et de vivre dans la vraie dévotion. Elle exige de changer son cœur à l'exemple du Cœur Immaculé de Marie. C'est pourtant la première voie que Dieu a voulue pour nous …

Si, cependant, on ne fait pas l'acte de consécration, nous avertit Marie, Dieu conduira l'humanité par un autre chemin. Il ne se détournera pas de l'homme, ne changera pas ses desseins de miséricorde, ne cessera pas d'aimer l'homme. Mais si la voie de paix n'est pas choisie, l'humanité entrera dans la voie du salut par la souffrance.

De nouveau, la Mère de Dieu nous montre deux possibilités. La première, reconnaissons-le, est effrayante, car elle signifie la guerre, la famine et la mort. C'est le bras du Fils qui touchera la terre. C'est un avertissement apocalyptique, qui apportera avec lui la grâce transformant le monde, qui provoquera l'éveil de l'humanité survivante. C'est une possibilité extrême.

Il existe cependant une autre possibilité, celle du sacrifice, du sang des martyrs accomplis en solidarité avec la Passion du Christ. Ce sang peut sauver de l'enfer toute une foule d'êtres humains séduits par Satan. Pourtant, ceci ne doit pas se faire nécessairement par la voie apocalyptique, où l'humanité serait purifiée par une « punition de Dieu », mais par une « souffrance de substitution ». À Fatima, Dieu invite les croyants à consentir à souffrir pour les pécheurs qui suivent la voie de la damnation. Il nous demande si nous sommes prêts à nous offrir tout entiers à cette intention, si nous sommes prêts à donner notre vie sur l'autel du sacrifice et à le laisser faire de nous ce qu'Il veut pour, s'il le faut, qu'Il accepte cette offrande et en fasse un sacrifice pour les péchés du monde.

Car le monde peut être sauvé aussi par ce que la tradition de l'Église connaît sous le nom du « martyre blanc » qui consiste à donner sa vie goutte après goutte.

Aujourd'hui, c'est la voie la plus importante de Fatima. Le Christ lui-même la désigna, lorsqu'il choisit Alexandrina Maria da Costa (1904-1955), habitant non loin de Fatima, et lui demanda d'accepter la souffrance à l'intention des pécheurs. L'Église la mentionna également lorsque, en 1995, Jean-Paul II porta sur les autels cette martyre blanche, inconnue de nous. Sœur Lucie la désigna comme celle qui donna sa vie dans cette intention, et Dieu permit qu'elle vive longtemps et qu'elle souffre beaucoup. Le pape Jean-Paul II fit de même lorsque, après l'attentat contre sa vie, après avoir pris connaissance des *Documents* de Fatima, il s'offrit lui-même sur l'autel de la souffrance, de nouveau pour les péchés du monde. Car aujourd'hui, le monde sera sauvé par « l'Évangile supérieur », « l'Évangile de la souffrance ».

La théologie connaît cette souffrance sous le nom de « souffrance de substitution ». C'est une grâce particulière, une vocation particulière, accordée par Dieu à l'époque contemporaine peut-être plus souvent que dans le passé.

Le Pape et la « souffrance de substitution »

Maintenant que, après la mort de sœur Lucie, des passages de ses notes apparaissent au grand jour, ainsi que ses souvenirs et même les premiers fragments de son journal, le message de Fatima commence à être mieux compris. Alors que, avec cette découverte de nouveaux éléments à propos de Fatima, nous vivons comme « une nouvelle illumination » (sœur Lucie), étonnés, nous nous rendons compte que Jean-Paul II le savait depuis des années ; c'est pourquoi il mourut d'une manière particulière et c'est pourquoi le Ciel donna de tels signes par sa mort.

Voici qu'une grande unité divine se constitue. Comme si le soleil, se levant, illuminait les zones d'ombre. Tout à coup, tout dans la vie du Pape devient évident.

Regardons le blason pontifical. La croix s'y trouve. Puis Marie. Il y a aussi une place vide. C'est la place pour le Pape qui, comme Marie, doit se tenir au pied de la croix du Christ.

Après avoir découvert Fatima pour lui-même, Jean-Paul II se mit à reconstruire sa spiritualité mariale, à l'enrichir par la spiritualité de Fatima. Certains en donnent même une date concrète, disant que cette « nouvelle spiritualité » commença le 2 août 1981. Car ce jour-là fut le premier samedi du mois après cette grande découverte. Et c'est en lien avec les premiers samedis du mois que la Sainte Vierge nous a promis de nous révéler la vérité sur elle et de nous transmettre sa propre expérience de la foi.

Le 2 août 1981 fut, dans la vie du Pape, le premier jour de la dévotion des samedis de Fatima. Il ouvrit ainsi « l'itinéraire Fatima de Jean-Paul II ». Un autre jour, qui fut aussi un premier samedi du mois, le ferma : l'itinéraire de Fatima du Pape prit fin le 2 avril 2005.

Après avoir pris connaissance de la documentation de Fatima, le Pape sut pénétrer au plus profond de ces apparitions. Lorsque d'autres s'enthousiasmaient pour la beauté et la richesse de la dévotion des premiers samedis du mois, le Pape la connaissait déjà tout autre, il la considérait différemment. La dévotion des premiers samedis du mois n'était pas « belle », confortable – elle incluait la souffrance, un sacrifice pour les péchés du monde, elle incitait à se tenir à la disposition de Dieu et s'il le fallait, à prendre le chemin de la souffrance. Tandis que d'autres parlaient encore de la dévotion, y voyant un acte de piété, lui était déjà consacré comme la Sainte Vierge le voulait. Il savait que vivre la formule *Totus Tuus* exige un renoncement de soi et une lutte quotidienne pour que toute la place en lui soit donnée à Dieu. Il savait que le fait de dire « oui » à Marie supposait un « oui » dit à la souffrance offerte pour les pécheurs. Dans sa vie, il ne pouvait plus y avoir de place pour ses propres caprices, ses désirs, pour son confort.

Car le Pape choisit la voie de la souffrance. C'était la voie à l'exemple de Marie :

> « Devenue la Mère du Messie à l'Annonciation, Marie sera impliquée dans le Sacrifice de son Fils et le suivra à Jérusalem, au moment de sa passion et de sa mort. Comment ne pas évoquer l'angoisse maternelle de Marie ? Sa présence au Calvaire manifeste son obéissance à la volonté de Dieu, qui lui demande de s'associer à la mission du Rédempteur. Le Concile a souligné le fait que Marie "a gardé fidèlement son union avec son Fils jusqu'à la Croix" (*Lumen gentium*, n. 58). Son consentement à l'immolation de Jésus a été un authentique acte d'amour. Et le Concile précise que Marie, étant unie au sacrifice de son divin Fils, lui demeurait soumise [1]. »

Nous savons que Jean-Paul II devint une victime offerte, dans l'attentat, en répondant à la volonté de Dieu. Il dit lui-même que « l'Église doit être conduite par la

---

1. Jean-Paul II, Audience générale, le 2 avril 1997, dans : Jan Paweł II, *Katechezy maryjne (Catéchèses mariales)*, Hebdomadaire catholique « Niedziela » (Bibliothèque de la « Niedziela »), Czestochowa 1998, p. 208 (KK 58).

souffrance, par l'attentat ». Nous savons qu'il accepta cet appel, non une seule fois, car il répétait souvent que l'acte de la consécration à la Sainte Vierge, étant une réponse à l'appel de Fatima, « ne se fait pas en une seule fois ». Consciemment, il s'offrit en sacrifice d'expiation – il devint ainsi parfaitement *Totus Tuus* pour la Sainte Vierge. Car il disait que jusqu'au jour de l'attentat, sa dévotion à Marie n'était pas entière, qu'il lui manquait quelque chose...

Quand la première trace de son offrande pour les pécheurs, pour le salut du monde, apparut-elle ? Lorsque, au premier anniversaire de l'attentat, lors de son premier pèlerinage à Fatima, le 13 mai 1982, Jean-Paul II consacra le monde au Cœur Immaculé de Marie, il commença à exprimer son désir de se sacrifier pour l'humanité. Si nous modifions la formule habituelle des papes, prononcée à la première personne du pluriel (« Nous voulons le dire encore une fois : *Totus Tuus*, ô Marie », disait le Pape polonais lors des premières années de son pontificat), en la remplaçant par la première personne du singulier, à Fatima, nous entendrons un aveu de la part du Pape : « Je ressens comme un besoin impératif de m'offrir pour l'humanité et pour le monde : pour notre monde contemporain, en union avec le Christ lui-même ! »

Selon ceux qui étaient proches du Pape, ces paroles le concernaient directement...

Beaucoup disent déjà de Jean-Paul II qu'il mérite une désignation qui ne fut accordée qu'à deux papes dans l'histoire de l'Église. Le pape polonais se trouva au même rang que Léon le Grand (mort en 461) et Grégoire le Grand (mort en 604). Il a fallu que mille quatre cents ans passent pour qu'un nouveau « grand » pape apparaisse.

Pourquoi ce Souverain Pontife est-il ainsi appelé « Grand » ? Nous connaissons la réponse : parce que son rôle dans l'histoire est grand, inestimable. Si nous voulons avoir une réponse plus détaillée à cette question, nous devons nous résigner à ne pas la recevoir à travers des paroles. La grandeur de Jean-Paul II ne s'édifia pas seulement sur son génie politique, ni sur son ouverture œcuménique, ni sur sa capacité de dialoguer avec le monde, ni sur sa façon exceptionnelle de communiquer, ni même sur sa manière courageuse de défendre les pauvres. Il est juste de l'appeler « le Pape des changements », car le monde lui doit le démantèlement pacifique du communisme, c'est lui qui mit fin à la guerre froide. Cependant, ce ne fut pas le fruit des démarches d'un excellent diplomate ou d'un leader capable de convaincre les foules. Ces démarches ont leur source en Dieu.

Recourons au langage de la mystique. Jean-Paul II fut grand, si grand qu'il « touchait le Ciel », si grand qu'il sut entendre, comprendre et réaliser la demande de Jésus lors des apparitions à Pontevedra (1925) : enlever les épines du Cœur Immaculé de Marie, que les humains y enfoncent par leurs péchés. Tendant le bras vers ces épines, ressentant la même douleur que celle qui perce le Cœur de la Mère du Sauveur, Jean-Paul II toucha le Ciel. Une épine enlevée est une ouverture dans le Ciel, par où se déverseront des grâces à l'infini.

Voici le mystère de sa grandeur.

Personne ne touchera le Ciel – c'est-à-dire que personne ne sera grand – autrement que par l'union au Christ dans sa Passion. C'est ainsi que le Fils de Dieu nous ouvrit la porte du Paradis. Il fut livré pour nous, trahi, mis au supplice, exposé au ridicule, il fut l'Homme de douleurs. Durant toute sa vie, il marcha vers la Semaine Sainte où, par sa croix et sa passion, il racheta le monde.

Jean-Paul II marcha sur ses traces.

En effet, lorsque nous méditons les dernières années de la vie du Pape, nous le voyons dans ce Gethsémani de la souffrance. Auparavant, on ne le connaissait pas sous cet aspect. Peut-être parce que Jean-Paul II n'en parlait jamais. Une fois seulement, le 29 mai 1994, s'adressant aux fidèles, il parla de la vérité qu'il cachait en lui :

> « Par Marie, je voudrais exprimer aujourd'hui ma reconnaissance pour le don de la souffrance. [...] Je suis reconnaissant pour ce don. J'ai compris qu'il est indispensable. Il a fallu que le Pape souffre. [...]
> J'ai compris que je devais introduire l'Église du Christ dans ce troisième millénaire par la prière et par diverses initiatives mais j'ai vu que cela n'était pas suffisant. Il fallait l'introduire avec la souffrance, avec l'attentat il y a treize ans et avec ce nouveau sacrifice. Pourquoi maintenant, pourquoi cette année, pourquoi dans l'année de la famille ? Justement parce que la famille est menacée, la famille est agressée. Aussi le Pape doit être agressé, doit souffrir, pour que chaque famille et le monde voient qu'il y a un Évangile, je dirais supérieur, l'Évangile de la souffrance, qui prépare l'avenir [1]. »

---

1. Jean-Paul II, « L'Angélus », le 29 mai 1994, dans : *Rodzino, co mówisz o sobie ? Dokumenty i przemówienia papieskie w Roku Rodziny (Famille, que dis-tu de toi-même ?)*, La Pastorale des Familles à la Curie Métropolitaine de Cracovie, Krakow 1995, p. 402-403.

La dévotion mariale, encore non enrichie du message de Fatima, enseignait à Karol Wojtyla que, ni un génie politique, ni celui qui a le don de concilier les contradictions, ni un génie de la médiation, ni un orateur célèbre, ni un écrivain allant droit aux cœurs ne sauraient ouvrir le Ciel. Il savait qu'aucune activité humaine n'est grande. Que seule l'action de Dieu est grande, dans l'homme également. Et Dieu ne peut agir dans les hommes, d'une façon qui dépasse notre imagination, que lorsque nous comprenons le sens et la fécondité de la souffrance.

Rappelons les paroles du Pape qui, en octobre 1997, invitait à ne pas oublier « ce mystère saisissant et jamais pénétré jusqu'au bout, par le pouvoir duquel le salut de nombreuses âmes dépend des prières et des souffrances librement consenties dans cette intention par les membres du Corps mystique du Christ ».

Cependant, le monde n'entrevoit pas cette réalité.

On parle toujours peu du « Pape de la Souffrance ». On évite le thème de sa croix. Pourquoi ? Est-ce parce que les hommes craignent la douleur, que la mort les effraie ? Et peut-être parce que la souffrance vécue en union à celle du Christ pourrait devenir un instrument de transformation du monde en un monde nouveau, un monde que les détenteurs du pouvoir n'aimeraient pas devoir accepter ? Peut-être aussi parce qu'il est impossible de traiter de la souffrance sans participer nous aussi à l'agonie de Gethsémani, au Chemin de Croix, au Golgotha ? Celui qui ne suit pas ce chemin ne voit pas ces horizons que Jean-Paul II contemplait.

Dieu accepta le sacrifice du Pape. Il est venu, le jour où Jean-Paul II est apparu comme une victime immolée aux yeux du monde entier. Nous pouvons nous demander si ce sacrifice fut fécond, s'il provoqua de nombreux miracles ? Et pourquoi ce Pape doit-il aujourd'hui être porté sur les autels ? Peut-être pour montrer au monde la voie du salut par « le martyre des justes » ?

6

Le dernier miracle

« Transmettez aux générations futures
un témoignage de foi, d'espérance et d'amour.
Soyez persévérants.
Il ne suffit pas de passer par le seuil,
il faut pénétrer dans la profondeur...
Marchez fidèlement dans la voie du Christ,
vers les temps nouveaux. »

Jean-Paul II

Lorsque tu mourus, tout sembla normal et évident. Comme si tu passais d'une pièce à l'autre. Comme si les événements n'étaient en rien extraordinaires. Jusqu'à la fin, tout suivit son rythme ordinaire, comme chaque jour depuis vingt-sept ans. Tu bénissais. Tu regardais calmement. Tu faisais un signe de la main, comme pour dire : « Au revoir ! » Tu nous quittais comme si de rien n'était. Dans cette simplicité qui avait un aspect ordinaire, tu naissais pour le Ciel, tandis que le miracle le plus grand naissait sur la terre.

Pourquoi est-il mort ?

Puisque des miracles furent accomplis à nos yeux,
Puisqu'il avait retrouvé la santé, à travers des signes mariaux ?

Pourquoi Dieu a-t-il voulu,
Qu'un autre miracle apparût,
Difficile, douloureux, mais plus fécond que tout ce qui eut lieu auparavant ?

Le miracle final.

Si nous savons déjà nous en rendre compte,
Un autre miracle nous attend peut-être ?

Un miracle non plus dans la vie du Pape, mais dans la nôtre…

*

Le principe de dépendance

Le 13 février 2005, jour de Fatima, sœur Lucie mourut subitement. La période des derniers miracles et signes commença pour le Saint-Père. Depuis le jour du décès de la dernière voyante de Fatima, ils furent particulièrement nombreux ; l'atmosphère surnaturelle se fit de plus en plus dense autour de Jean-Paul II. Un tel rassemblement de signes fut pour lui un avertissement que son temps était accompli.

Un chapelet en bois, dont il s'était servi autrefois pour réciter le Rosaire et qu'il avait offert un jour à sœur Lucie, lui revint. Quelque chose prit fin, ferma une boucle, comme les doigts sur les grains d'un chapelet.

Jean-Paul II le savait, car il connaissait les dernières paroles de la voyante qui, fixant la Mère de Dieu encore ici, sur la terre, lui dit lors d'une apparition : « Avec Jacinthe, François et le Saint-Père, nous marchons, nous marchons… »

Au seuil de la mort, sœur Lucie avait déjà une certitude, inconnue des autres. Lucie marchait au Ciel, guidée par Marie qui la tenait par la main, dans un petit cortège. Ses cousins, les deux autres voyants François et Jacinthe, y étaient présents ; Jean-Paul II était également là. Dans cette vision, il était mort lui aussi.

Ce fut un signe que Jean-Paul II allait bientôt entrer dans cette voie. Effectivement, son heure était venue.

Le dimanche 1er février 2005, à 22 h 50, Jean-Paul II fut transporté à la clinique Gemelli. On parlait d'un « cas d'urgence », ce qui était bien vrai, vue l'heure du transport du malade. Officiellement, on annonça que des complications succédaient à la grippe dont le Pape souffrait depuis une semaine : une toux pénible et une infection du larynx. Huit jours plus tard, lors de l'Angélus, Jean-Paul II, souffrant, dit : « Ici à l'hôpital, parmi d'autres malades auxquels je pense avec amour, je continue à servir l'Église et toute l'humanité. » Le service papal fut alors essentiellement celui de la souffrance.

Le Pape passa dix jours à la clinique, puis revint au Vatican. Trois semaines plus tard, il repartit de nouveau à la clinique, car l'état de son système respiratoire s'aggravait. Jean-Paul II étouffait. Les médecins prirent la décision d'opérer la trachée : une trachéotomie. Ce fut alors, après être sorti de l'anesthésie, que le Pape écrivit sur une feuille de papier : « Qu'ont-ils fait de moi ? Et pourtant, *Totus Tuus.* » Nous savons déjà que ce *Totus Tuus* fut comme une acceptation de s'offrir en sacrifice pour les péchés du monde.

Lorsque le Saint-Père se retrouva de nouveau à l'hôpital, le silence tomba sur Rome. Les communiqués successifs sur l'état de santé du Pape ne disaient rien de nouveau. Le temps semblait suspendu, les aiguilles des montres immobilisées. Jean-Paul II était malade et la clinique Gemelli était sa maison.

Le 1er mars, un événement bouscula le temps, le faisant sortir de sa torpeur. Un pèlerinage de montagnards apparut dans les rues de Rome. Le claquement des drapeaux blanc-rouge et jaune-blanc flottant au vent accompagnait une statue de Notre Dame de Fatima dans son passage vers l'entrée de l'hôpital, des notes de musique montagnarde se firent entendre. L'abbé Miroslaw Drozdek, responsable du sanctuaire de Fatima à Zakopane, et l'abbé Luis Kondor, représentant le sanctuaire de Fatima, confesseur de sœur Lucie et vice-postulateur du procès de béatification de François et Jacinthe, cheminaient vers le Pape.

Ils lui apportèrent un don hors du commun : dix millions de cœur, battant au rythme d'une grande prière du Rosaire. Le 5 mars, une grande neuvaine à l'intention de la santé du Pape allait commencer. Des millions de personnes, rassemblées dans des mouvements spirituels autour de Fatima, allaient tomber à genoux devant la Sainte Vierge. Les abbés Drozdek et Kondor adressèrent aux fidèles un appel particulier :

> « "Ne m'oubliez pas ! Priez pour moi !" (Jean-Paul II, le 24.10.1978.) Ces paroles du Saint-Père ouvrirent son pontificat, il y a vingt-sept ans. C'était une première demande,

adressée à l'Église, pour prier à l'intention de Jean-Paul II. L'attentat contre la vie du Saint-Père du 13 mai 1981 fut une sorte de signal d'alarme, unique en son genre, appelant toutes les personnes de bonne volonté à prier pour un miracle ! Cette intercession pour le salut et la santé du Pape unit les peuples et les nations. "Si Dieu existe..." Tous s'adressaient à Lui, chacun à sa manière. Des millions de fidèles tombaient à genoux, implorant le miracle de sauver la vie du pape Jean-Paul II. La troisième partie du secret de Fatima révèle que "la Vierge de Fatima releva le Pape gisant au seuil de la mort et la vie lui fut accordée de nouveau". Le Saint-Père en parla en Pologne, à Zakopane, le 7 juin 1997, lorsqu'il consacra l'église de Notre Dame de Fatima, construite "pour remercier Dieu pour cette vie miraculeusement sauvée".

Le commentaire du cardinal Joseph Ratzinger à la troisième partie du secret de Fatima en dit long également : "Ce jour, il se trouva tout près du seuil de la mort, et c'est ainsi que, par la suite, il expliqua lui-même son salut : *une main maternelle guidait la balle et le Pape* [...] *en agonie* [...] *s'arrêta au seuil de la mort.*" Cette "main maternelle", changeant la trajectoire de la balle, prouve encore une fois que la prédestination n'existe pas, que la foi et la prière sont des forces puissantes, capables d'influencer l'histoire ; finalement, la prière s'avère plus puissante que les balles et la foi plus puissante que les divisions militaires.

Nous appuyant sur notre expérience de prière de ces jours où l'on implorait le miracle, nous gardons confiance, étant convaincus que, dans cette situation de maladie du Saint-Père, par l'intercession de Notre Dame de Fatima, des bienheureux Jacinthe et François, la prière de l'Apostolat de Fatima à l'échelle mondiale apporterait une lumière d'espérance et permettrait de recevoir la grâce de la santé pour le Saint-Père.

Le 5 mars est le premier samedi du mois – le jour de la dévotion recommandée par la Mère de Dieu. Pour plusieurs millions de fidèles, rassemblés dans l'Apostolat International de Fatima,

ce jour signifie la date du commencement d'une neuvaine. Nous adressons cet appel à tous les membres de l'Apostolat International de Fatima. Nous commençons aujourd'hui une neuvaine à Notre Dame de Fatima, par l'intercession des bienheureux Jacinthe et François, pour demander la "guérison miraculeuse" de Jean-Paul II. Dans le cadre de cette neuvaine, nous demandons à tous de réciter au moins une partie du Rosaire chaque jour, neuf jours de suite, et de fréquenter les sacrements, avec une participation entière à l'Eucharistie. Implorant l'aide et l'intercession de Notre Dame de Fatima, ainsi que des bergers de Fatima, avec confiance, nous nous soumettons à la volonté et aux desseins de la Providence divine. Cependant, nous voulons porter témoignage de notre fidélité à Jean-Paul II, Souverain Pontife de l'Église, pour le soutenir de notre prière dans sa souffrance.
"Ô Marie, protège Jean-Paul II et veille sur lui."

Fatima – Pologne – Rome
Le 5 mars 2005, premier samedi du mois [1] »

Contrairement aux principes adoptés, les hôtes de Fatima furent introduits auprès du Saint-Père. L'abbé Drozdek informa le Pape que le 5 mars, les fidèles de Notre Dame de Fatima allaient commencer une grande neuvaine pour demander un miracle à la Sainte Vierge : que le Saint Père retrouve pleinement la santé.

Ils étaient fous ; ils voulaient implorer la Sainte Vierge pour qu'elle accorde la plénitude de la santé au Saint-Père. L'abbé Drozdek dit : « Lorsqu'on se décide à implorer une grâce, il faut demander la plénitude de cette grâce ! » Il expliqua qu'il n'y a pas de demandes

1. Archives du Secrétariat de Fatima à Zakopane.

faites à moitié. Pour la Sainte Vierge, que la demande soit grande ou petite, impossible ou facile, elle est aussi simple à exaucer. Le trésor de la grâce, auquel l'accès lui fut donné, reste inépuisable. Il est aussi facile de tirer d'un coffre une bague en or qu'un bout de métal rouillé. C'est pourquoi l'abbé Drozdek était convaincu qu'il fallait demander tout, puisqu'on demandait une grâce !

Et il était convaincu que Jean-Paul II allait encore longtemps servir l'Église au Vatican.

Pour les besoins de la neuvaine, on prépara une prière particulière pour la santé du Saint-Père. On la fit imprimer sur une image représentant les bienheureux François et Jacinthe. Nous pouvons donc la lire ci-dessous :

> « Dieu éternel et tout-puissant, qui choisis Jean-Paul II à la fonction du Souverain Pontife de ton Église et qui, dans les desseins insondables de Ta Providence, confias son service à la protection maternelle de la Mère de Ton Fils, Notre Seigneur Jésus Christ, par l'intercession du Cœur Immaculé de Marie et par la cause des bienheureux Jacinthe et François, révèle toute Ta puissance et accorde la grâce de la santé à Jean-Paul II, pour qu'il puisse Te servir, Toi et Ton peuple, et, par le miracle reçu, qu'il puisse témoigner devant les hommes de Ta gloire infinie, Toi qui vis et règnes pour les siècles des siècles [1]. »

Les hôtes offrirent au Pape des reliques des bergers portugais. Le malade demanda qu'on les dépose sous son coussin, le plus près possible de l'endroit particulièrement douloureux de la trachée après la trachéotomie.

Et le miracle devint un fait !

---

1. *Ibid.*

Tout d'abord, au moment du commencement de la neuvaine, le premier samedi du mois de mars, et, qui plus est, de nouveau à l'heure de l'attentat, donc après 17 heures, le Pape se sentit mieux, comme le dirent les communiqués officiels. Aucun des médecins ne sut l'expliquer. Ce ne fut pas tout : Jean-Paul II se mit à parler ! Et le jour de la fin de la neuvaine, au soir, la santé du Pape s'améliora au point qu'il put rentrer chez lui, au Vatican. Il quitta la clinique le 13 mars, de nouveau le jour de Fatima. Au lieu de rejoindre directement ses appartements, il se dirigea d'abord à la chapelle, pour réciter l'*office des Ténèbres*, qui fut une occasion de méditer la Passion du Christ.

Les participants à la neuvaine avaient la certitude que la maladie était vaincue, que le Pape allait de nouveau diriger l'Église. Car le Cœur Immaculé de Marie se montrait plus puissant que la maladie, que les efforts du mal, que toute arme.

Ce jour-là, un joyeux *Magnificat* se fit entendre. Tout le monde fut convaincu que bientôt, le Pape allait retrouver la plénitude de ses forces.

Ensuite… un silence se fit.

Le 13 mars 2005, il n'y eut plus ni signes ni miracles. Tous ceux qui avaient participé à la grande neuvaine au Cœur Immaculé de Marie attendaient avec confiance le prochain jour consacré à Fatima, c'est-à-dire le premier samedi d'avril. L'abbé Drozdek croyait que le Ciel allait donner un nouveau signe, encore plus merveilleux que les précédents. Le monde aurait pu voir la puissance de Dieu à l'œuvre si Jean-Paul II avait alors reçu la grâce de la santé. Les gens de Fatima attendaient le 2 avril en priant. Ils guettaient un autre signe, inscrit dans la date suivante de Fatima.

Personne, pas même l'abbé Drozdek, pourtant bien informé de l'état de santé du Pape, ne s'attendait à ce que la mort du Saint-Père fût donnée comme « signe ». Personne ne savait que Jean-Paul II était déjà en route pour son dernier pèlerinage : vers la mort.

Jean-Paul II ne revint pas à la santé le 2 avril 2005. Il entra dans la maison du Père.

Pourquoi n'y eut-il pas, ce jour-là, de miracle ? Il était arrivé, une fois déjà, que la Mère de Dieu retienne le Pape par la main, alors qu'il mourait. Une première fois, elle l'arrêta au seuil de la mort. Une première fois, l'intervention directe de Marie le retint à la vie. Et que se passa-t-il le 2 avril 2005 ? Est-ce que la présence de Marie manqua ? C'est impossible. Ou son action miraculeuse se tourna-t-elle d'un autre côté : non vers un retour à la vie, mais de l'avant, vers la mort ? Même si des miracles eurent lieu, personne ne les vit parmi ceux qui vivaient de ce côté-ci de la vie. Jean-Paul II les emporta avec lui, franchissant irrémédiablement le seuil de la mort. Pourquoi en fut-il ainsi ? Nous connaissons déjà la réponse : Dieu voulut que Jean-Paul II s'offrît en sacrifice d'expiation pour les péchés du monde. Et Il agréa son sacrifice.

Est-ce que le Pape savait que les signes de Fatima du mois de mars allaient montrer la puissance du Cœur Immaculé de Marie, non pour le guérir, mais, le jour de sa mort, pour attirer les regards du monde vers Fatima ? Pour dire qu'en effet, en un jour dédié à Fatima, un miracle aurait lieu, mais qu'il serait différent de celui que tout le monde attendait ? Il le savait probablement. Mais il savait également que toute prière porte des fruits, que la grande neuvaine à l'intention de sa santé, organisée par les sanctuaires de Zakopane et de Fatima, se traduirait au Ciel par un autre miracle le concernant.

Le Pape mourut. Mais sa mort renouvela la vie de nombreux croyants. La neuvaine récitée par des millions de fidèles de Notre Dame de Fatima fit qu'à ce moment, le Ciel se pencha encore plus au-dessus du Vatican. Et, le jour de la mort du Pape, il toucha encore plus de cœurs humains.

Un premier samedi du mois

Jean-Paul II partit un premier samedi du mois… Ceux qui connaissent sa grande piété mariale disent : « Notre Dame donna un signe pour montrer qu'il était son saint à elle. Elle l'emporta au Ciel en ce jour qui est sien. »

En feuilletant les biographies des saints, nous découvrons de telles coïncidences. Les personnes particulièrement vouées à la Sainte Vierge partent au Ciel un jour consacré à Marie ou la veille d'une fête mariale. Il en fut ainsi dans le cas du père Maximilien Kolbe qui périt le 14 août, à la veille de l'Assomption. Il en fut ainsi avec sœur Lucie qui partit le jour de Fatima, le 13 février.

Jean-Paul II mourut le premier samedi d'avril. Mais ce ne fut pas tout, paraît-il. Sa mort ne fut-elle pas accompagnée d'un autre signe marial ? Au début de notre réflexion sur les miracles de Marie dans la vie de Jean-Paul II, il était question de la commémoration de la

Mère de Dieu, le jour de la naissance du Pape. Ouvrons donc le *Calendrier Marial* encore une fois, à la date du 2 avril. Nous y trouverons une mention de Notre-Dame-la-Grande à Poitiers. De nouveau, *le calendrier* nous envoie en France, au pays de saint Louis-Marie Grignion de Montfort qui fut pour le pape Jean-Paul II un maître de spiritualité mariale.

Nous lisons dans *le calendrier* :

> « Le sanctuaire de la Mère de Dieu à Poitiers est l'un des plus anciens lieux mariaux en France. Cette église fut construite au Ve siècle et, par son ancienneté, elle mérite certainement d'être considérée comme "grande". La représentation de Notre-Dame-la-Grande y est vénérée et une légende est liée à cette statue ancienne, une légende de la Mère de Dieu détenant les clés de la ville.
> En 1202, lorsque des Anglais assiégèrent Poitiers, l'un des fonctionnaires de la ville se rendit chez l'ennemi, lui proposant de lui livrer les clés de la ville en échange d'une importante somme d'argent. Les clés allaient être livrées dans la nuit de Pâques. La nuit, le traître s'introduisit dans le lieu où ces clés se trouvaient à leur place habituelle. Lorsqu'il tendit le bras, les clés disparurent subitement.
> Le lendemain matin, on s'aperçut de la disparition des clés. Les chevaliers saisirent leur épée pour protéger la ville où l'ennemi pouvait se cacher. Lorsque les habitants se rendirent à l'église Notre-Dame-la-Grande afin de prier pour le salut, ils virent les clés de la porte d'entrée de la ville, en toute sécurité, dans la main de la statue de Notre-Dame-la-Grande. Grâce à elle, les clés ne tombèrent pas dans les mains du traître. La Sainte Vierge sauva la ville [1]. »

---

1. Konstanty Osiński, *Kalendarium Maryjne (Calendrier Marial)*, Fons Omnis, Szydlowiec 2009, p. 97.

Elle est belle, cette légende. Peut-être avait-elle été inscrite à la date de la mort du Pape en tant que signe et prophétie : l'Église, assiégée par de nombreux ennemis, l'Église qui pourrait être livrée par des traîtres qui en sont membres, serait miraculeusement sauvée par la Mère de Dieu. Elle empêchera la trahison. Elle gardera les clés de saint Pierre dans les mains des successeurs de l'Apôtre.

Et ses miracles, qui marquèrent la vie de Karol Wojtyla, continueront à guider l'Église vers une civilisation de la vie, vers le printemps du christianisme. Vers un monde nouveau, un monde meilleur.

Postface

Un jour, le cardinal Stefan Wyszynski dit, à propos de la Mère de Dieu :

> « Nous avons besoin d'elle et n'en avons point honte. Nous en avons besoin comme les poumons ont besoin d'air, comme le cœur a besoin de sang et d'amour, comme les pieds ont besoin d'un point d'appui, les yeux de lumière, la bouche de nourriture. Comme un enfant qui n'est pas encore né a besoin de sa mère, de même, nous ne pouvons exister et vivre sans elle et en dehors d'elle… Nous avons besoin d'elle comme le Fils de Dieu en avait besoin. »

Jean-Paul II connaissait cette citation. Ces paroles du Primat du Millénaire correspondent bien à la spiritualité mariale du Pape polonais. Wojtyla était marial et n'en avait point honte. Il vivait de cet aspect marial et avait besoin de Marie. Son blason d'évêque, puis son blason de pape, fut comme un appel retentissant : « Regardez, je suis marial ; avec Marie, je me trouve au pied de la croix ! » Et même si le monde évite les allusions concernant l'aspect marial de Jean-Paul II, ce silence ne remet pas en question le fait en lui-même.

Je me souviens que le responsable du sanctuaire de Fatima à Zakopane me dit un jour : « L'aspect marial du pape est comme une fondation. Les gens ne le voient pas. Ils admirent l'édifice construit, qui s'appuie sur des fondations puissantes. Peu importe qu'ils ne les voient pas. L'important est que, d'après la forme du bâtiment, ils se rendent compte qu'il s'agit d'une église. » Cette remarque semble convaincante. Que faire, pourtant, si l'on ne voit pas le caractère sacré du bâtiment ? Faut-il dégager les fondations pour montrer tous les chapelets, scapulaires et livres de messe qui sont comme fondus dedans ? Est-ce que cela permettra aux gens de regarder autrement ce qui se dresse devant eux et se hisse vers le ciel ?

Karol Wojtyla fut entièrement consacré à la Sainte Vierge, elle était la fondation de sa vie. Il était *Totus Tuus* – chaque jour, consciemment, en tout. Car le principe de Dieu est le suivant : Dieu ne laisse pas l'homme le surpasser en générosité. C'est toujours Dieu qui en donnera plus, car telle est la règle de l'amour. Ce principe concerne également celle en laquelle Dieu est parfaitement présent : Marie. C'est pourquoi, lorsque Karol Wojtyla devint *Totus Tuus* – « tout à Toi », elle devint *Tota Tua* – « Toute à lui ». Et les miracles mariaux commencèrent dans la vie de Wojtyla

On pourrait même dire autrement : la vie de Wojtyla devint en elle-même un miracle permanent. Tout y fut miracle, absolument tout, même si tout son reflet, que nous considérons aujourd'hui, ne nous paraît pas miraculeux, étant trop sombre ou trop difficile… Nous pouvons nous poser la question différemment : interrogeons-nous sur les fruits de la vie du Pape – les fruits de chaque heure de sa vie. Ils furent tous extraordinaires. Ils ouvraient le Ciel devant les hommes, sauvaient de la mort éternelle, accomplissaient des miracles que nous pouvons appeler « les miracles de deuxième degré » et qui furent si nombreux dans son service papal. Ce n'étaient pas les miracles de Jean-Paul II, mais les miracles qui, en quelque sorte, émanaient de sa vie mariale imprégnée du surnaturel. Si nous le saisissons, nous aurons en main comme une clé de la vie de ce Pape.

La vie de Jean-Paul II fut riche en miracles et chaque miracle fut riche en signes – signes pour nous. Je me suis dit qu'il ne fallait plus dissimuler les fondations mariales sur lesquelles Jean-Paul II avait bâti sa vie. Que d'autres le décrivent mieux, plus entièrement. J'ai traité de ce que je sais d'après la documentation de Fatima et la réflexion théologique le concernant, et de ce que je sais des personnes proches de Jean-Paul II, entre autres de feu l'abbé Miroslaw Drozdek avec qui j'ai eu l'honneur de travailler plusieurs années au Secrétariat de Fatima à Zakopane. Grâce à lui, j'ai pu découvrir de nombreux aspects de la sainteté de Jean-Paul II.

Je ne sais quelle sera la réaction des lecteurs à la parution de ce livre. Y aura-t-il des milieux qui essaieront de passer sous silence « la question mariale », une fois de plus ? J'espère que non. Est-ce que, par l'intermédiaire des pages que j'ai écrites, la Mère de Dieu fera un miracle de plus, rappelant à quelques lecteurs qu'elle devrait être davantage connue et aimée, pour que notre vie ressemble, par certains aspects, à celle de Jean-Paul II ? J'espère que oui. Car, comme disait le primat

Wyszynski :

> « La nation polonaise a une particularité extraordinaire, présente depuis des siècles : une sensibilité à la Mère du Christ. C'est comme une délicate corde de Chopin qu'il suffit de toucher à peine pour qu'elle vivifie tous les souvenirs et sentiments. Marie, la Sainte Vierge, est aussi une délicate corde de la Nation, et *croit elle-même en celui qui ne croit en rien.* »

Je cesse d'écrire. Je pose ma plume. Maintenant, il est temps de laisser les autres agir : les éditeurs, qui ont un pouvoir aussi grand, et les lecteurs, qui peuvent décider de lire ce livre de façon plus personnelle. Et par-dessus tout, il est temps que je laisse agir celle qui est *Tota Tua* pour Jean-Paul II. Si elle le veut, elle fera un miracle de plus. Je lui cède la place…

Table des matières

Achevé d'imprimer sur les presses de
Snel
Z.I. des Hauts-Sarts - Zone 3
Rue Fond des Fourches 21 – B-4041 Vottem (Herstal)
Tél +32(0)4 344 65 60 - Fax +32(0)4 286 99 61
Juillet 2009 – 48272

Imprimé en Belgique